Couvertures supérieure et inférieure manquantes

8º Y²
17905

JEAN
DE THOMMERAY

CALMANN LÉVY, ÉDITEUR

OUVRAGES

DE

JULES SANDEAU

DE L'ACADÉMIE FRANÇAISE

Format grand in-18.

CATHERINE.	1 vol.
LE CHATEAU DE MONTSABREY.	1 —
UN DÉBUT DANS LA MAGISTRATURE.	1 —
UN HÉRITAGE.	1 —
JEAN DE THOMMERAY.	1 —
LE JOUR SANS LENDEMAIN	1 —
MADEMOISELLE DE KÉROUARE.	1 —
LA MAISON DE PENARVAN.	1 —
NOUVELLES	1 —
SACS ET PARCHEMINS.	1 —

Coulommiers. — Imp. PAUL BRODARD.

JEAN DE THOMMERAY

LE COLONEL EVRARD

PAR

JULES SANDEAU

DE L'ACADÉMIE FRANÇAISE

PARIS

CALMANN LÉVY, ÉDITEUR

ANCIENNE MAISON MICHEL LÉVY FRÈRES

3, RUE AUBER, 3

—

1892

Droits de reproduction et de traduction réservés.

JEAN
DE THOMMERAY

A MADEMOISELLE FÉLICIE SANDEAU.

C'est à toi, sœur chérie, mon refuge et ma consolation, que je dédie ce récit, commencé sous tes yeux. Étions-nous assez tristes et malheureux alors! Tu m'as appris que les plus mauvais jours, lorsqu'ils sont traversés près des êtres qu'on aime, laissent encore de bien doux souvenirs.

Jules Sandeau.

JEAN DE THOMMERAY

C'est à la campagne, près des bois, non loin de la Seine, dans le modeste enclos où je comptais achever de vieillir, que je le vis pour la première fois. Il avait vingt-deux ans à peine. Quelques pages signées de mon nom avaient suffi pour me gagner son cœur : il se présentait sans autre recommandation que sa bonne mine et son désir de me connaître. Les sympathies de la jeunesse ont un attrait irrésistible; il est doux surtout de les inspirer lorsqu'on touche soi-même à l'arrière-saison. Je l'accueillis le mieux que je pus sans qu'il m'en coûtât grand effort, car en vérité il était charmant. Je le vois encore m'abordant au pas de ma grille, svelte, élancé, la figure au teint mat ombragée d'un duvet naissant, le nez fin, l'œil bleu, le front pur, avec de beaux cheveux d'un blond cendré qui foisonnaient aux tempes; sa tenue, ses manières et son langage, l'élégante simplicité qui paraissait dans sa personne, tout chez lui témoignait en faveur du foyer où il avait grandi. Il faisait une claire journée d'avril; nous la passâmes ensemble dans les bois de Meudon, sur les coteaux de Sèvres et de Bellevue. Malgré tant d'années qui nous séparaient, nous causions bientôt comme deux amis. Fortune rare dans une époque où la jeunesse du cœur et de l'esprit ne se retrouvait en général que chez les vieillards, dans une époque où les souvenirs donnaient plus de fleurs que les espérances, où les soirs jetaient plus de flamme que les matins, fortune bien rare en effet et qui mérite d'être signalée, ce jeune homme était jeune; il avait tous les entraînements généreux, toutes les saintes illusions, toutes les heureuses passions de son âge. Il croyait au bien, il admirait le beau, il rêvait l'amour et la gloire. Je l'écoutais en souriant, et, par moments, avec une sorte de stupeur. D'où venait-il ? sous quelle latitude avait-il vu le jour ? quelle étoile avait lui sur son berceau ? Qu'était-ce enfin que ce Jean de Thommeray qui, au bout d'une heure d'entretien, n'avait encore parlé ni de filles, ni de chevaux, ni même du cours de la rente ?

Grâce aux confidences qu'il n'était pas besoin de provoquer, j'arrivai promptement à me rendre compte du phénomène que j'avais sous les yeux.

M. de Thommeray, le père, d'une bonne maison de Bretagne, avait commencé la vie dans un temps où l'ivresse du renouveau s'emparait de tous les esprits. Étudiant à Paris, c'est là qu'il avait traversé les dernières années de la Restauration et les premières qui suivirent la révolution de 1830, belles années que le siècle n'a pas revues depuis, qu'il ne reverra pas. Le culte des intérêts matériels n'avait pas envahi les cœurs, la richesse ne s'imposait pas comme le but suprême de la destinée; la patrie et la liberté avaient pris rang parmi les muses, l'éclat des lettres et des arts passait pour le plus beau luxe que pût convoiter une nation intelligente et fière. La jeune génération qui fut témoin de cette aurore en a conservé jusqu'au déclin de l'âge un lumineux reflet, et, si elle vaut encore aujourd'hui quelque chose, c'est pour s'être baignée dans ses clartés. Henri de Thommeray faisait partie d'un groupe de jeunes gens étroitement unis, tous possédés des mêmes ardeurs, tous animés de nobles ambitions. Ses goûts et ses instincts le portaient vers le monde des écrivains et des poëtes : il avait pénétré dans leur intimité; sa nature prompte à l'enthousiasme et à l'admiration lui avait aisément ouvert tous les sanctuaires. Entraîné par des convictions raisonnées et par le mouvement général, il avait, au contact des hommes et des choses, laissé tomber un à un, comme les pièces d'une armure dévissée, ses préjugés de caste, et, sans abjurer les traditions d'honneur de sa famille, il était entré à pleines voiles dans le courant des idées modernes. L'amour vrai n'était pas rare alors : sincère jusque dans ses écarts, loin d'abaisser les âmes, il les élevait même en les égarant. Le gentilhomme breton avait ressenti toutes les influences d'une époque de floraison et d'épanouissement universel. Il avait aimé d'un amour pur, délicat, romanesque, une jeune fille pauvre et bien née, d'origine irlandaise, qu'il devait épouser plus tard. Voilà comment il avait fait son droit. Ses études terminées, on n'était pas bien sûr qu'il les eût commencées, il s'était décidé, après de longs atermoiements, à retourner dans sa province. Il se retirait à propos, au moment où tant d'espoirs et de promesses, tant de conquêtes déjà réalisées menaçaient de sombrer dans les excès et les débordements. De la société qu'il quittait pour ne plus y rentrer, il n'avait vu que les côtés éblouissants, il emportait avec lui une ample provision de souvenirs enchantés et d'images ineffaçables. A quelque temps de là, maître de son patrimoine et pouvant disposer de lui-même à son gré, il épousait la jeune fille qu'il aimait. L'un et l'autre n'avaient consulté que leur inclination mutuelle ; ce qui ne semblera pas moins surprenant, c'est que ni l'un ni l'autre n'eurent sujet de s'en repentir.

Le domaine héréditaire où ils avaient

abrité leur tendresse s'étendait dans une des vallées les plus sauvages et les plus silencieuses de la vieille Armorique. L'habitation s'élevait à mi-côte, et tenait de la ferme autant que du château; un bois de chênes la protégeait contre les vents qui soufflaient des grèves prochaines. M. de Thommeray vivait, comme ses pères, en gentilhomme campagnard, chassant, montant à cheval, visitant ses paysans, faisant valoir ses terres, pendant que sa femme, la belle Irlandaise, ainsi qu'on l'appelait dans le pays, s'appliquait aux soins domestiques et gouvernait la maison avec grâce et autorité. Bien qu'il eût fini par s'acclimater et prendre racine dans la réalité, cependant il demeurait fidèle aux goûts de sa jeunesse; seulement il s'était cloîtré, pour ainsi dire, dans l'époque de

son séjour à Paris. Enfermé dans le cercle
de ses souvenirs, il n'en sortait jamais; rien,
en dehors, n'existait pour lui; le temps, qui
ne s'arrête pas, l'avait oublié en chemin.
J'ai connu un parfait *gentleman* qui ne voya-
geait point sans traîner avec lui l'ameublement complet de l'appartement qu'il occupait à Londres. A peine arrivé dans une ville
où il comptait séjourner pendant quelques
mois, que ce fût Rome ou Naples, Cadix ou
Madrid, Genève ou Lausanne, il s'installait
à l'hôtel avec son mobilier, et n'éprouvait
de satisfaction sans mélange que lorsque,
après des miracles d'arrangement et de symé-
trie, il était parvenu à s'établir exactement
comme chez lui. Dès lors, l'âme rassérénée,
il reprenait ses habitudes britanniques, et ne
mettait le nez dehors qu'autant qu'il y était

forcé. Je ne sais trop pourquoi M. de Thommeray me rappelait ce fils d'Albion. Autour de lui tout portait la date et la marque de la période du siècle dans laquelle il s'était cantonné. Sa chambre renfermait un échantillon de l'art qui florissait à la fin de la restauration : dessins d'Alfred et de Tony Johannot, aquarelles de Devéria, eaux-fortes de Paul Huet, médaillons de David, statuettes de Barre et de Pradier, esquisses de Scheffer et de Delacroix, tout un petit musée qu'il n'eût pas troqué contre la tribune des *offices* ou la galerie du Louvre. Les portraits lithographiés de ses illustres amis tapissaient les murs du salon. Ils étaient tous là, romanciers et poètes. La bibliothèque se composait uniquement de leurs productions avec hommage de l'auteur. Les lettres qu'il avait reçues de chacun d'eux étaient collectionnées dans un album richement relié, et qui remplaçait à ses yeux les archives de sa maison. Pas une de ces épîtres qui n'affirmât le dévouement le plus profond, pas une qui ne respirât l'amitié la plus exaltée; quelques-uns même avaient poussé la politesse jusqu'à l'assurer de leur admiration, bien que pour la mériter il n'eût jamais fait autre chose que de leur prodiguer la sienne. Grâce aux bahuts sculptés, aux crédences et aux dressoirs, grâce aux vieilles ferrures dont la demeure était suffisamment pourvue, il avait pu sans beaucoup de frais ajuster ses pénates au goût du moyen âge, que la littérature nouvelle venait de remettre en honneur. Le soir, à la veillée, il relisait avec sa femme les ouvrages qui n'avaient pas cessé de les charmer, ou, mieux encore, il refeuilletait avec elle le plus charmant de tous les livres, celui qu'ils avaient fait ensemble, le poëme de leurs amours. La douce conformité de leurs idées et de leurs sentiments, la tendre affection et le constant respect qu'ils avaient l'un pour l'autre, donnaient un éclatant démenti au moraliste qui prétend qu'il n'existe pas de ménage délicieux. C'est par là seulement qu'ils se séparaient de l'esprit de leur temps; le bonheur conjugal était le seul anachronisme qu'on eût trouvé à relever dans cet intérieur où se perpétuaient les traditions de 1830.

Assurément c'étaient des gens heureux; ils faisaient du bien, voyaient peu de monde et se suffisaient à eux-mêmes. Les revenus du domaine n'étaient pas assez considérables pour leur permettre de longs déplacements ; leurs besoins et leurs désirs ne dépassaient point leur avoir. Enfin les bénédictions du ciel s'étaient multipliées autour d'eux. Ils avaient trois fils, tous les trois bien portants et bien venus : le bruit, le mouvement, la fête du logis. En dépit du milieu où ils étaient nés, les deux premiers n'avaient jamais montré un goût bien vif pour les délices de l'étude et les plaisirs de l'intelligence. Enfants, c'étaient de vrais petits bandits en insurrection permanente contre l'alphabet, amoureux de l'air libre, impatients de tout frein, coureurs de bois et batteurs de buissons, enfourchant à cru les chevaux de ferme, galopant à travers la lande, et ne rentrant au gîte qu'avec quelque avarie. La mère les grondait, puis les embrassait, et ils recommençaient le lendemain ; au demeurant, les meilleurs diables du monde. Tout en modifiant leurs habitudes d'indépendance et de vagabondage, l'éducation n'avait pu les apprivoiser aux choses de l'esprit. Ils étaient pour leur père un continuel sujet d'étonnement par la profonde indifférence qu'ils témoignaient en matière de littérature. Quand celui-ci faisait en famille une des lectures qui abrégeaient les soirées d'hiver, ils trouvaient toujours un prétexte pour s'esquiver, à moins qu'ils ne prissent le parti plus commode de s'endormir au coin de l'âtre. M. de Thommeray se demandait parfois de qui tenaient ces jeunes drôles. En revanche, le dernier, c'était Jean, avait manifesté dès l'âge le plus tendre des instincts tout contraires et des

penchants tout opposés. Moins robuste que
ses aînés, nature délicate, un peu frêle, il
avait grandi sous l'aile de sa mère, qui, sans
préférence marquée, l'enveloppait pourtant
d'une sollicitude inquiète et raffinée dont
se passaient volontiers les deux autres. Il
échappait à peine à l'enfance qu'il était déjà
sensible aux beautés et aux harmonies de la
création. A vingt ans, il avait dévoré tous
les volumes qui composaient la bibliothèque
du manoir. Romans, poésies, pièces de théâtre,
il avait tout lu et relu, tantôt le long
des haies, au versant des vallées, tantôt en
présence de l'Océan, sur les plages retentissantes.
Il s'était enivré de ces récits ardents
et passionnés, de ces drames étranges où
bouillonnaient la séve et la vie, de ces beaux
vers qui mêlaient leur musique au concert

des vents et des flots. Naturellement, sans efforts, il bégayait lui-même la langue des poëtes. On se représente la joie du père qui se sentait revivre dans ce fils. M. de Thommeray ne se possédait plus. Ses souvenirs, vieillis, un peu fanés, avaient recouvré leur éclat et leur vivacité matinale. Les années écoulées, les mœurs transformées, la scène du monde occupée par de nouveaux acteurs, les révolutions accomplies depuis qu'il avait quitté Paris, tout cela ne comptait absolument pour rien : il était revenu au lendemain de son départ, et dans ses entretiens avec Jean, entretiens qui ne tarissaient pas, il retraçait en traits épiques l'histoire des grands jours qu'il avait traversés, les foyers célèbres où il s'était assis, les hautes amitiés qui avaient été le lustre

de sa jeunesse, les aspirations d'une époque
de renouvellement et de renaissance, tous
les épisodes, tous les incidents de la société
brillante et lettrée à laquelle il s'était mêlé,
et qu'embellissaient encore les féeries de la
perspective et les enchantements de la mémoire. Le fils s'était de bonne heure imprégné des souvenirs du père : il en avait nourri
ses premiers rêves et ses premiers espoirs.
Il faut le dire, ces peintures, ces vives images
n'étaient point faites pour inspirer le goût et
l'amour de la vie rustique. Ce qui ressortait
bien clairement des longues confidences que
me faisait mon jeune compagnon, c'est qu'il
avait été de tout temps considéré dans sa
famille comme objet de luxe; il était le lis
qui ne file pas. Pendant que ses aînés, toujours levés dès l'aube, s'occupaient à la terre

et dirigeaient l'exploitation rurale, Jean lisait, songeait ou composait de petits poëmes bretons que sa mère comparait avec orgueil aux *Mélodies irlandaises* de Thomas Moore, et qui arrachaient à M. de Thommeray des cris d'admiration. Ses frères chérissaient en lui la grâce un peu féminine qui semblait inviter leur protection, le charme et l'élégance, tous les dons extérieurs, toutes les séductions dont ils étaient à peu près dépourvus et que la nature lui avait départies d'une main prodigue. On a remarqué que les cadets sont en général les plus beaux; leur moulage est, dit-on, plus net et plus sûr. Frères, parents, amis, ils reconnaissaient tous qu'une plante si rare appelait le soleil, que cet enfant n'était pas né pour végéter à l'ombre, au fond de la province.

Un beau matin, Jean avait embrassé les êtres excellents qui pleuraient en lui disant adieu, et vingt heures après il entrait dans Paris avec toutes les illusions que son père en avait emportées.

Il arrivait sans parti pris. Dans la pensée de sa famille, il s'agissait pour lui du choix d'une carrière, de s'y préparer longuement par l'examen sérieux des divers états de la société. Il n'eût pas déplu à M. de Thommeray, — c'était, semblait il, sa secrète ambition, — que ce fils s'illustrât sur le grand théâtre où il n'avait joué, lui, qu'un rôle de comparse. Quant à Jean, il n'avait pas de programme arrêté. Il était impatient de vivre, impatient d'aborder la vie par tous ses côtés élevés. Le monde l'attirait; la fortune des lettres le tentait; il aspirait par-dessus tout aux ivresses de la passion : son cœur frémissant était plein d'amour sans objet. Chaque époque a ses expressions familières et son accent qui lui est propre. Je tressaillais parfois en l'écoutant; il avait certains tours de phrase qu'il tenait de son père, certaines notes dans la voix qui me reportaient brusquement en arrière et réveillaient en moi des mondes ensevelis. Il me récita quelques-uns de ses petits poëmes bretons : j'y pris un vif plaisir, et, plaisir non moins vif, je pus les louer avec sincérité ; le poëte de la Bretagne, Brizeux, ne les eût pas désavoués. Ainsi nous cheminions tous deux par une tiède après-midi d'avril. Les enclos, les vergers en fleur se réjouissaient au soleil; les villas, désertées pendant l'hiver, commençaient à se repeupler, et, tout en marchant, tout en causant, nous apercevions à travers les grilles de jolis enfants qui s'ébattaient autour des pelouses, sur le sable fin des allées. Jours tranquilles! heures fortunées! quelques années plus tard, seul et la mort au fond de l'âme, je parcourais ces paysages d'où l'invasion m'avait chassé, il n'y restait plus que des ruines : seuils désolés, maisons béantes, intérieurs pillés, salis, déshonorés. Quels hôtes, quels vainqueurs! Non moins maudite et non moins exécrable, la guerre civile avait achevé l'œuvre de destruction. La nature seule, quoique mutilée, elle aussi, souriait encore comme autrefois et réparait déjà ses désastres : la bêtise et la férocité des hommes n'avaient pas pu supprimer le printemps.

Des semaines. des mois s'écoulèrent,

Jean ne revint qu'à la fin de l'automne. Il me parut changé ; ce n'était plus chez lui l'enthousiasme et la foi qui m'avaient frappé lors de notre première entrevue, mais le trouble, l'hésitation du voyageur qui cherche à s'orienter, et qui ne reconnaît pas les sites décrits dans son itinéraire. Il s'était présenté chez les illustres amis de son père, chez ceux que la mort avait épargnés ou que la vie n'avait pas dispersés au loin. M. de Thommeray lui avait répété maintes fois qu'il n'aurait qu'à se nommer pour se voir adopté par tous et de prime saut introduit dans l'intimité des cénacles ; il avait même engagé son fils à n'user qu'avec discrétion du crédit, du patronage, du zèle empressé de ces grands amis. Jean, qui avait feuilleté souvent, toujours avec un pieux respect, l'album où les précieuses lettres étaient conservées comme des reliques, ne doutait pas qu'en effet les bras et les cœurs ne s'ouvrissent pour lui faire accueil. Chacune de ces visites avait été marquée par une déception. Les cénacles n'existaient plus. Les génies qu'il aimait à se figurer avec une auréole au front s'éteignaient pour la plupart dans l'abandon et la tristesse. Aucun d'eux ne se souvenait de M. de Thommeray; ils avaient oublié jusqu'à son nom. Le plus grand, le plus glorieux de tous, bien digne d'une fin meilleure, se débattait misérablement sous l'étreinte des plus dures nécessités. Il se rappelait qu'autrefois, à l'âge des chimères, il avait écrit quelques vers : il n'en parlait qu'avec dédain. Il avait conseillé à Jean de renoncer à la poésie et de se lancer dans les affaires. Il regrettait de n'avoir pas suivi cette voie : il avait méconnu sa vocation. Un autre, retiré dans sa tour, où il officiait encore de loin en loin devant un petit groupe de fidèles, lui avait démontré avec beaucoup de courtoisie qu'il n'y avait pas de place pour les poëtes dans la société moderne, qu'ils naissaient hors la loi sous tous les régimes et fatalement réservés au sort de Gilbert, d'André Chénier ou de Chatterton : c'était sa thèse de prédilection, il y revenait d'autant plus volontiers qu'elle lui permettait de s'étendre sur quelques-uns de ses anciens ouvrages. Jean avait tourné le dos au passé chagrin et morose, et s'était mis en relation avec la jeunesse du jour et quelques-uns des beaux esprits qui lui donnaient le ton ; son caractère expansif et loyal, sa bonne grâce, sa générosité, ses manières de grand seigneur, lui avaient créé promptement des liaisons d'amitié légère dans un monde qui ne se montrait pas difficile. Une génération avortée, des âmes sans souffle et sans essor, des cœurs sans haine et sans amour, la littérature remplacée par le commérage, une philosophie d'antichambre, qui consistait à rabaisser tout ce qui relève la nature humaine, voilà ce qu'à l'entendre il avait rencontré dans ce monde sceptique et railleur. Telle était sa candeur, qu'il avait pu le fréquenter pendant plusieurs mois sans s'apercevoir ni même se douter du personnage qu'il y jouait ; il n'en était instruit que de la veille. — Tenez, dit-il en dépliant un journal qu'il avait tiré de sa poche, et m'indiquant du doigt l'article qu'il souhaitait que je lusse, prenez connaissance de ce petit morceau : je suis curieux de savoir ce que vous en pensez.

Ce petit morceau avait pour titre : *Le Huron de Quimper-Corentin*. Bien que Jean de Thommeray n'y fût pas nommé, c'était évidemment lui qu'on avait voulu peindre : cela sautait aux yeux de quiconque le connaissait. Divisé en chapitres comme le conte de Voltaire qui en avait suggéré l'idée, l'article n'était qu'une charge d'un bout à l'autre, mais une charge faite avec *humour*, de celles qui sont œuvres d'art et qui, par l'exagération même du trait, donnent plus de saillie à la réalité, et la rendent, pour ainsi parler, plus visible et plus saisissante. Mon ami Jean se trouvait là couché tout de son long. Dès l'âge de cinq ans, il apprenait à lire dans les romans néo-chrétiens de M. Gustave Drouineau. On lui taillait ses premières jaquettes dans une collection de vieux journaux qui portaient la date des dernières années de la Restauration. Le milieu dans lequel il avait été élevé, l'éducation qu'il avait reçue, son départ de Quimper-Corentin, son arrivée à Paris, ses pérégrinations à la recherche des cénacles, tout cela était raconté à la diable, de la façon la plus fantasque et la plus hilare. Après une série de déconvenues plus drolatiques les unes que les autres, dégoûté à jamais d'une société dépravée, où les manches à gigot, les grands sentiments et les robes courtes n'étaient plus de mise, le nouvel Ingénu reprenait la route de Quimper-Corentin, emportant dans sa valise le manuscrit de ses petits poëmes, roulé et ficelé comme un saucisson d'Arles. Sa rentrée au pigeonnier paternel le vengeait de tous les déboires qu'il avait essuyés à Paris. Il était complimenté sous un dais de feuillage par une députation de jeunes Huronnes toutes attifées à la mode de 1830. Le soir, sur la pelouse, deux troupes d'indigènes simulaient un combat qui était censé représenter la lutte des classiques et des romantiques ; à travers la foule erraient mélancoliquement quelques Hurons en costume de saint-simoniens. Tableau final : pluie de fleurs, pétards et fusées, cris de *vive La Fayette*, binious et bombardes exécutant l'air de *la Parisienne*, et, pour tout couronner, au-dessus de la porte d'honneur, un magnifique transparent sur lequel se détachaient en caractères de feu ces dates glorieuses : 27, 28, 29 juillet, et cette déclaration immortelle : *une charte sera désormais une vérité.*

Je n'avais pu m'empêcher de sourire. — A votre aise ! Monsieur, à votre aise ! s'écria Jean le prenant sur le ton d'Alceste, la pasquinade vous paraît plaisante ; riez-en, mais souffrez que, moi, je n'en rie point. Que ces petits messieurs échangent entre eux de semblables aménités, qu'à tour de rôle ils s'accommodent les uns les autres et s'offrent en régal à l'appétit des méchants et des sots, cela les regarde, c'est leur affaire ; moi, je ne suis pas du bâtiment, je n'appartiens pas au public ! Il est possible que je ne sois qu'un niais, et même je commence à comprendre que je ne suis pas autre chose ; mais jusqu'ici je n'ai donné à personne le droit de l'écrire dans les gazettes Croyez-le bien, Monsieur, c'est un acte de félonie, un indigne abus de confiance : j'étais leur hôte, ils m'avaient accueilli. Qu'allais-je faire dans cette galère ? Que ne suis-je resté où j'étais !

Tout en reconnaissant ce qu'il y avait de légitime au fond de son ressentiment, je ne laissai pas pourtant de lui parler en homme qui n'est point étranger aux pratiques de la vie littéraire, et qui sait de longue main la part d'importance qu'il convient d'accorder à ces sortes de choses. De quoi s'agissait-il ? Jean n'était pas nommé ; son honneur n'était pas atteint. Le procédé était plus que leste, l'article en lui-même était inoffensif;

l'aiguillon s'arrêtait à fleur de peau, il n'entamait pas l'épiderme. L'esprit avait ses moments d'ivresse, ses démangeaisons et ses entraînements, auxquels il n'était pas toujours maître de résister; dans tous les temps, la presse légère avait commis de ces petites iniquités. Qu'y faire ? Empêchait-on le vin nouveau de fermenter et de petiller dans les cuves ? Défendait-on aux merles de siffler ? Le sage se bouchait les oreilles ou levait les épaules et passait son chemin. Jean coupa court à l'apologie.

— Mais, Monsieur, vous n'y songez pas; qu'importe que mon nom ne se trouve point au bas du portrait, si chacun peut l'y mettre? Qu'importe que je ne sois pas nommé, si le masque est assez ressemblant pour que tous ceux qui me connaissent me nomment en l'apercevant ? Hier, au saut du lit, j'ai reçu par la poste vingt numéros de la feuille que vous tenez entre les mains ; je les ai comptés, je ne me doutais pas que j'eusse tant d'amis. Pour attirer mon attention, pour m'épargner l'ennui d'une recherche, presque tous avaient eu le soin de marquer à l'encre ou au fusain le morceau en question : raffinement de délicatesse qu'en vrai Huron je ne soupçonnais pas. Mon honneur n'est pas atteint, dites-vous ? C'est bien ainsi que je l'entends. Il serait curieux que l'honneur d'un galant homme fût à la merci de pareils drôles. S'il ne s'agissait que de moi, leurs vilenies ne me toucheraient guère, la distance qui nous sépare est telle que j'en conçois l'idée de l'infini; mais ce n'est pas seulement ma personne qu'ils ont jetée en pâture à la risée publique, c'est aussi l'intérieur où je suis né, c'est mon berceau, c'est ma famille. Les illusions qu'on raille si agréablement me venaient du cœur de mon père; même après les avoir perdues, je les chéris, je les vénère comme la beauté de son âme, et qui s'amuse à les outrager mérite mieux que mon dédain. Vous ignorez encore d'où le coup est parti. J'ai vu de près la jeunesse de mon époque ; si l'été répond au printemps, le pays peut s'attendre à de riches moissons. Eh bien! dans ce monde où je viens de vivre, je me flattais d'avoir rencontré un ami. J'avais fait de lui le confident de mes rêves et de mes mécomptes; je n'avais rien de caché pour lui. C'est lui, Monsieur, qui m'a trahi! C'est lui qui m'a berné comme Sancho sur un drap d'auberge. Que parlez-vous d'entraînements et de démangeaisons auxquels l'esprit n'est pas toujours maître de résister ! Où nous mèneraient ces lâches complaisances ? Le bandit qui me guette au coin d'un bois a ses démangeaisons, lui aussi, et je n'admets pas, pour ma part, qu'il y ait à l'usage des gens d'esprit un autre code de morale que celui des honnêtes gens ; mais voilà beaucoup de bruit pour un article de journal.

Cette âpreté de langage ne me déplaisait pas ; j'aimais la saveur de ce fruit encore vert. J'avais craint un instant que l'affaire ne tournât au tragique et ne se terminât sur le pré ; heureusement il n'en fut pas question. Jean s'était apaisé ; son regard s'était adouci. Je profitai du tour qu'avait pris l'entretien pour toucher à quelques vérités que m'avaient enseignées l'expérience et la réflexion. Je n'étais ni le détracteur ni le courtisan du temps où nous vivions; je savais que le fond de l'humanité varie peu, que les passions ne changent guère, qu'en dehors des grandes commotions qui renouvellent de loin en loin les conditions de l'atmosphère, le bien et le mal, le bon grain et l'ivraie, les rayons et les ombres se retrouvent à toutes les périodes presque dans la même mesure et dans les mêmes proportions. Les époques les plus fécondes avaient leurs tares et leurs plaies cachées, les plus déshéritées leurs perfections et leurs vertus secrètes; il y avait place dans toutes pour le travail et le talent, pour le dévouement et le sacrifice, pour les bonnes actions et pour les belles œuvres. Jean écoutait d'un air résigné, répliquait sans trop d'amertume, mais paraissait peu désireux de pousser plus avant ses excursions à travers le monde. Il en avait assez, et se tenait pour satisfait. Déjà la gloire ne le tentait plus; déjà la poésie se mourait en lui. La muse qu'il avait rencontrée un matin dans la lande embaumée refusait désormais de le suivre; ses pieds délicats étaient en sang, les premiers grêlons de la réalité avaient meurtri son sein et brisé ses deux ailes. Il avait cherché l'amour, et n'en avait pas même trouvé les apparences. Il me parlait de sa famille avec une tendresse émue, et je me sentais porté vers ce jeune homme que je voyais pour la seconde fois par quelque chose de semblable à l'affection que j'avais pour mon fils. La journée était avancée. Je le retins à dîner, et l'accompagnai le soir jusqu'à la gare de Bellevue. J'étais avec lui, sur le quai. Au moment de nous séparer : — Il peut se faire, me dit Jean, que je reste longtemps sans vous voir, il est même possible que je ne vous revoie jamais. Je compte voyager, et, de retour en France, me retirer chez mes parents. Conservez de moi un bon souvenir : je n'oublierai pas l'accueil que j'ai reçu de vous.

Là-dessus, il m'embrassa et se jeta dans un wagon. La vapeur siffla, et le train partit.

Ce brusque adieu, cet élan de tendresse, m'avaient donné à réfléchir : je m'en allai pensif et fort troublé. La nuit me sembla longue. Dès le grand matin j'accourais chez Jean : il était déjà sorti. Le domestique n'était instruit de rien : son maître ne pouvait tarder à rentrer, et il m'engageait à l'attendre ; je me laissai mener au salon. L'aspect seul de cette pièce aurait suffi pour justifier mes appréhensions. Tout y dénonçait les préoccupations de l'homme qui se dispose à jouer sa vie dans une partie sérieuse. Un monceau de papiers récemment brûlés obstruait l'âtre. Les bougies consumées jusqu'au ras du cristal témoignaient d'une veille obstinée. Sur le marbre de la cheminée, plusieurs lettres sous pli fermé, destinées à la poste ; des factures acquittées, quelques autres qui ne l'étaient pas : à chacune de celles-ci était jointe la somme due. On devinait que Jean ne s'était pas déshabillé, le divan avait servi de lit de repos ; un médaillon où s'encadrait un portrait en miniature, celui de sa mère qu'il avait eue présente jusqu'au dernier moment, était resté sur un des coussins. Le doute n'était plus permis, Jean était sorti pour aller se battre. J'attendis longtemps. Les heures se traînaient ; je comptais les minutes. Je m'assoyais, je me levais, je ne tenais pas à la même place ; tantôt j'errais de chambre en chambre, prêtant l'oreille aux bruits du dehors ; tantôt, penché sur le balcon, je plongeais dans la rue un regard avide. Il faisait une brume épaisse, je ne distinguais que des ombres. De temps en temps, le domestique, un plumeau à la main, traversait la pièce où j'étais ; sa figure souriante, bêtement épanouie, m'inspirait un désir immodéré de lui sauter à la gorge et de le jeter par la fenêtre. Je venais d'ouvrir un livre, je m'efforçais d'en lire une page, lorsque je crus entendre le roulement d'une voiture sous le vestibule. Quelques instants après une sourde rumeur montait dans l'escalier. J'étais déjà sur le palier, et j'aperçus Jean qui gravissait péniblement les dernières marches, soutenu par ses deux témoins et la pâleur de la mort sur la face. Un troisième personnage dirigeait avec autorité les mouvements de l'ascension funèbre : c'était un élève interne du Val-de-Grâce qui avait assisté au combat et fait sur le terrain le premier pansement. — Ce n'est rien, dit Jean d'une voix éteinte en faisant un effort pour me tendre sa main blanche comme l'ivoire : une piqûre d'aiguille. — A peine achevait-il ces mots qu'une mousse rosée teignit ses lèvres, et il s'affaissa sans connaissance entre les bras qui le soutenaient.

La blessure était grave : l'épée avait atteint le poumon. Toutes les mesures à prendre, je les pris. J'adressai sur l'heure une dépêche au fils aîné de M. de Thommeray, et ne quittai Jean qu'après avoir vu sa mère et son frère installés tous deux à son chevet. L'affaire avait fait du bruit, j'en ignorais certains détails ; je les appris par un journal du monde élégant. Dans la soirée du jour où le fatal article avait paru, Jean s'était rendu au théâtre des Variétés, où l'on représentait une pièce nouvelle ; il comptait y trouver ce qu'il cherchait. En effet, pendant un entr'acte, il avait aperçu au foyer le seigneur qui l'habillait si galamment; il était allé droit à lui, et, de son gant qu'il tenait à la main, l'avait touché par deux fois au visage. Je savais la suite. Le plaisant de l'aventure fut qu'il sortit de là avec une réputation de noblereau et un sobriquet ridicule ; on a dit longtemps Thommeray le Huron, de même que Scipion l'Africain. Durant une semaine ou deux, il côtoya les sombres bords : la jeunesse, la science, l'amour et les soins maternels le ramenèrent à la vie. La guérison fut prompte, et vers le milieu de novembre il partait avec sa mère pour aller passer l'hiver à Pise.

Jean avait promis de m'écrire : il tint sa promesse. Rien de plus aimable que l'accent de ses lettres. Comme chez tous les convalescents, un mystérieux travail d'apaisement s'était accompli dans son cœur. Il plaisantait avec enjouement sur la campagne qu'il venait de faire et ne s'autorisait pas de ses espérances trahies pour insulter à l'humanité tout entière. Il ne prétendait point connaître à fond le monde ; il ne le jugeait pas sur l'échantillon qui avait passé sous ses yeux. Toutefois ce qu'il en avait vu l'effrayait, et il persistait dans sa résolution de n'y rentrer jamais. La santé de l'âme n'était pas plus assurée que la santé du corps ; plus d'une fois, dans le milieu malsain qu'il n'avait fait pourtant que traverser, il avait senti des fumées grossières monter à son cerveau. Qui pouvait se croire à l'épreuve de la contagion ? De plus forts que lui avaient succombé ; il s'arrêtait à temps sur la pente qui mène aux abîmes. Revenu de toute ambition, il se rappelait les bruyères natales et n'aspirait qu'à retourner dans le domaine de son père : des idylles sans fin ! Il aimait aussi à me parler de Pise. Je revoyais la ville aux ponts de marbre, aux palais silencieux, aux larges quais déserts. Il jouissait avec délices du ciel clément, des chaudes après-midi, de l'air gras et pur qu'il buvait à longs traits comme le lait fumant des vaches de Bretagne. Il vivait et se laissait vivre.

Cependant, au bout d'un mois à peine, un intérêt nouveau se glissait dans sa vie. Il y avait à Pise une jeune femme venue, comme lui, pour y passer l'hiver et rétablir sa santé chancelante. Elle était d'une beauté rare, et paraissait appartenir à l'élite de la société parisienne : elle en avait les élégances, et son air languissant, la tristesse de son regard, une teinte de mélancolie répandue sur ses traits, ajoutaient encore au charme de sa personne. Elle habitait un petit palais sur le bord de l'Arno, et ne sortait que suivie d'un domestique ou accompagnée d'une femme de chambre. On ne savait rien de son rang ; mais sa présence seule en disait assez, et nul ne songeait, en la voyant, à s'enquérir de son origine. Il ne s'écoulait pas de jour où Jean et sa mère ne la rencontrassent, soit aux Cascines, soit au Campo Santo, autour du Dôme ou du Baptistère. C'est sur le sol de l'étranger que la patrie est le lien des âmes. Ils étaient arrivés promptement à échanger un salut silencieux, puis un sourire d'intelligence, puis quelques mots de politesse ; des relations s'en étaient suivies, et ils se réunissaient fréquemment. Cette jeune femme en effet appartenait à la fleur de la société parisienne : c'était la comtesse de R... L'imagination de Jean s'égarait déjà dans le bleu ; ses lettres, qui avaient passé presque sans transition du ton de l'églogue

au style flamboyant, et dans lesquelles je
retrouvais toute la phraséologie sentimentale
qui avait cours en 1830, n'étaient plus rem-
plies que des perfections de la belle comtesse ; il n'hésitait point à voir en elle une
des poétiques héroïnes que ses lectures lui
avaient révélées. J'eus comme un pressentiment qu'il courait à de nouveaux mécomptes.
Sans connaître madame de R..., je connaissais assez mon temps pour savoir que la passion n'en était pas la note dominante, et
que jamais l'amour n'avait causé moins de
dégâts ni fait si peu de victimes, surtout
parmi les femmes du monde. Bientôt les
lettres de Jean devinrent de moins en moins
fréquentes, et bref, il cessa de m'écrire.
Que d'amitiés j'ai vu finir ainsi ! Je parle
des meilleures et des plus anciennes,

de celles qui, ayant commencé avec la vie, promettaient de ne s'éteindre qu'avec elle.

Deux ou trois ans s'étaient passés. J'ignorais ce que Jean était devenu ; je supposais qu'il avait donné suite à ses projets de retraite, et qu'il vivait en paix chez son père. Il m'avait oublié, et je trouvais cela tout simple : dans la saison des longs espoirs, on fait généralement bon marché de ce qu'on laisse derrière soi. De mon côté, il faut le dire, je ne pensais à lui que de loin en loin. Le courant des choses humaines, les préoccupations, les soucis dont aucun âge n'est exempt et qui semblent se multiplier avec le nombre des années, l'avaient presque effacé de ma mémoire : une tournée que je fis en Bretagne raviva dans mon cœur le souvenir de ce jeune ami. Un jour, dans une bourgade du Finistère, j'appris par aventure que je n'étais qu'à quelques lieues du domaine de Thommeray. Je cédai à la tentation de voir de près un ménage heureux, une famille unie. J'affrétai le jour même une carriole du pays, et sur le soir, un peu avant la tombée de la nuit, j'arrivais au manoir que j'aimais à me représenter comme l'asile du bonheur. Ma bienvenue ne faisait pas question ; j'arrivais joyeux et le cœur en fête.

L'antique demeure, de construction bizarre, était à peu près telle que je me la figurais : une vaste ferme entre cour et jardin, avec tours et donjon, et qui respirait à la fois la mélancolie du passé et l'activité de la vie moderne. Il restait encore des vestiges de fossés et de pont-levis. La porte d'honneur, chargée de trophées cynégétiques, têtes de loups, de renards, de sangliers, était surmontée d'un écusson rongé par le temps et dont les armoiries se distinguaient à peine. Quand je me présentai la famille était réunie au salon. Le valet de ferme qui m'avait introduit s'étant dispensé du soin de m'annoncer, je poussai la porte qu'il avait entr'ouverte, et d'un regard aussi prompt que l'éclair, avant que ma présence eût été signalée, j'embrassai dans son ensemble le tableau qui s'offrait à mes yeux : M. de Thommeray, en veste de chasse, droit comme un peuplier, robuste comme un chêne, debout et adossé à la cheminée, la taille haute, l'attitude sévère, ses bras croisés sur sa large poitrine ; madame de Thommeray, affaissée plutôt qu'assise dans un fauteuil, et vieillie de vingt ans depuis que je ne l'avais vue ; enfin les deux fils aînés penchés sur le fauteuil, et observant leur mère. Il régnait dans la salle un silence lugubre ; la figure de Jean manquait seule au tableau. Certes ce n'était point l'image du bonheur que j'avais devant moi. J'arrivais à point, le moment était bien choisi ! J'admirais une fois de plus l'esprit d'à-propos qui me suit partout. Je songeais à me dérober quand madame de Thommeray, en levant la tête, m'aperçut et me reconnut aussitôt. Elle passa précipitamment son mouchoir sur ses joues flétries, fit vers moi quelques pas rapides, et saisit ma main, qu'elle étreignit par un mouvement convulsif, tandis que son regard m'interrogeait avec avidité et semblait vouloir me fouiller les entrailles. J'étais au supplice. Cette scène muette n'avait duré qu'une seconde. J'expliquai en peu de mots le hasard qui m'avait amené. Dès qu'elle eut compris qu'il s'agissait seulement d'une visite de passage, ses traits, qui s'étaient animés un instant, reprirent tout à coup leur expression désespérée. Elle eut cependant le courage d'ébaucher un pâle sourire, et, sans quitter ma main qu'elle tenait encore, elle me conduisit à son mari. J'envisageai M. de Thommeray : avec sa crinière de lion toute blanche, ses sourcils noirs, sa prunelle sombre et sa barbe grisonnante par places, qu'il portait tout entière, il avait grand air et me parut admirablement beau.

— Monsieur, dit-il en me saluant avec une grave politesse, vous n'êtes pas un étranger chez moi ; madame de Thommeray m'a souvent parlé de vous. Je sais que vous avez été excellent pour elle pendant son séjour à Paris, et c'est ajouter encore à ma reconnaissance que de m'offrir ici l'occasion de vous l'exprimer.

Cet accueil un peu magistral acheva de me démonter. Je n'étais pas venu quêter des compliments; mais, puisque M. de Thommeray avait cru devoir tout d'abord m'entretenir de sa gratitude, je m'étonnais qu'il n'eût pas même fait allusion à celui de ses fils que j'avais soigné et veillé comme s'il eût été le mien. J'hésitais moi-même, sans m'expliquer pourquoi, à prononcer son nom. J'étais dans la position d'un homme qui sent le terrain miné sous ses pieds, et qui n'ose plus faire un pas. Enfin je m'informai de Jean, mais à peine l'eus-je nommé que M. de Thommeray me ferma la bouche.

— Monsieur, me dit-il d'un ton bref, il ne nous reste plus que deux fils, ils sont tous les deux devant vous. Nous ne parlons jamais de celui que nous avons perdu.

Je demeurai un instant comme anéanti. Jean était mort... mais non ! L'attitude de M. de Thommeray, sa voix, son geste, son langage, n'étaient pas d'un père qui a eu l'affreux malheur d'ensevelir un de ses enfants. S'il était vrai que Jean fût mort, ma présence inattendue aurait provoqué chez la mère une explosion de désespoir ou une crise d'attendrissement plutôt qu'un mouvement d'ardente curiosité. Je l'avais assistée au chevet de son fils, j'avais partagé ses angoisses ; elle n'eût pas été maîtresse de son émotion, elle se serait jetée dans mes bras, nous aurions pleuré ensemble. J'avais fait toutes ces réflexions en moins de temps qu'il ne m'en faut pour les écrire. Jean vivait, et pourtant il n'avait plus sa place au foyer dont il était naguère la parure et la joie. Je ne savais que m'imaginer ni que dire. Mon regard allait de l'un à l'autre et ne rencontrait que des visages consternés. M. de Thommeray seul se tenait impassible; mais ses lèvres, violemment crispées, trahissaient l'effort d'une douleur hautaine qui se contraint pour ne pas éclater. Je me disposais à prendre congé, lorsqu'une porte du fond s'ouvrit à deux battants, et une servante parut sur le seuil : les plus dures afflictions de l'âme ne changent ni les habitudes ni les conditions de la vie, et tous les jours, aux mêmes heures, on se met à table, si malheureux qu'on soit. — Vous dînez avec nous ? dit madame de Thommeray qui s'était emparée de mon bras. Et, comme je cherchais à m'excuser : — Par pitié, ajouta t elle à mi voix, ne parlez pas avant que j'aie pu vous parler. — Je ne résistai plus et me laissai conduire.

Malgré ces préliminaires, les choses se passèrent moins tristement que je n'aurais pu l'espérer : à défaut d'entrain, le dîner ne manqua pas de cordialité. Les cœurs et les esprits s'étaient détendus peu à peu. Remis de la gêne que leur avait causée ma visite inopportune, mes hôtes n'avaient pas tardé à comprendre que je n'étais pas, moi non plus, sur un lit de roses, et, avec un tact dont je leur sus gré, tous à l'envi s'efforçaient de me faire oublier ce qu'il y avait dans ma position de pénible et d'embarrassé. Chacun y mit du sien. Tous me traitaient comme un ami qui eût été attendu. Madame de Thommeray n'était plus la belle Irlandaise, telle encore que je l'avais vue à Paris. Les dernières années qui venaient de s'écouler avaient éteint ce qui restait en elle d'éclat et de beauté ; mais elle était toujours la belle âme que j'avais été à même d'apprécier. L'honneur de sa vie pouvait se résumer en quelques mots : elle avait été l'unique amour d'un honnête homme qu'elle avait uniquement aimé. Cela dit tout, et n'est point banal. Les deux fils, deux colosses, sans avoir aucune des grâces de leur jeune frère, n'étaient pas cependant dépourvus de tout charme : ils avaient celui de la dou-

cœur unie à la force. J'étais frappé surtout
de la déférence et du respect qu'ils témoignaient à leurs parents jusque dans les plus
petites choses : ces habitudes de soumission,
qui tendent de plus en plus à se perdre dans
les familles, avaient un caractère particulièrement touchant chez de jeunes hommes
qui semblaient faits pour commander. Leur
esprit était sans apprêt, je dirais presque
sans culture, mais l'élévation de leurs sentiments n'en ressortait que mieux, et ils
parlaient avec un grand sens de tout ce qui
se rattachait à leurs occupations journalières. Quant à M. de Thommeray, il y avait
un terrain sur lequel nous devions nécessairement nous entendre. Nous étions du
même âge. Étudiant à Paris en même temps
que lui, j'avais assisté comme lui à la résur-

rection des lettres, aux fêtes de la renaissance; nos deux jeunesses s'étaient épanouies à la même heure, dans les mêmes clartés. En rapprochant nos souvenirs, il se trouvait que nous avions vécu côte à côte, et que plus d'une fois nous avions dû nous coudoyer. C'était pour lui, comme pour moi, un sujet d'étonnement que nous fussions restés étrangers l'un à l'autre, que sa main et la mienne ne se fussent point rencontrées. Nous avions bu aux mêmes sources, ressenti les mêmes ivresses; mais le passé dont il faisait jadis ses plus chères délices, dans lequel il s'était si longtemps confiné, ne lui disait plus rien : il n'en parlait qu'avec tristesse. Il avait vieilli doucement en présence d'un splendide décor qu'il prenait pour la réalité, et voilà qu'un orage venu sur le tard avait tout emporté ; comme le laboureur qui retrouve sa ferme brûlée et son champ dévasté, il contemplait d'un œil morne l'édifice de toute sa vie foudroyé et réduit en poudre. Il y avait des moments où, en dépit des efforts communs, la conversation tombait tout à coup et s'éteignait comme un feu de chaume. Il se faisait alors un long silence, plus lourd, plus accablant que le vent du Sahara. Chacun de nous pensait à Jean, les yeux de la mère le cherchaient à sa place vide, et le nom qu'il était interdit de prononcer, que nul ne prononçait, ce nom proscrit remplissait tous les cœurs, oppressait toutes les poitrines.

A l'issue du dîner, pendant que le gentilhomme campagnard allait avec ses fils surveiller la rentrée des récoltes, madame de Thommeray, restée seule avec moi, m'entraînait au jardin. L'après-midi avait été brûlante. La soirée était chaude encore; derniers souffles embrasés du jour, de pâles éclairs blanchissaient l'horizon. A peine avions-nous fait quelques pas le long des charmilles, qu'elle se laissait tomber sur un banc, et là, brisée par la contrainte qu'elle venait de s'imposer, elle donna un libre cours aux larmes qui l'étouffaient. Je m'étais assis auprès d'elle, et je tenais ses mains dans les miennes. Je me taisais : il y a des douleurs qu'on n'ose pas interroger. — Ainsi, dit-elle enfin, vous ne l'avez pas vu? Vous ne savez rien de sa vie? Vous ne savez rien, vous n'êtes au courant de rien? Quand vous êtes entré, je me suis imaginée, en vous apercevant, que vous veniez me parler de lui, j'ai cru que vous m'apportiez de ses nouvelles.

— Je venais en chercher, Madame. Je me réjouissais à la pensée de le trouver ici, heureux dans sa famille heureuse. Je ne sais rien, je ne suis au courant de rien. La dernière lettre que j'ai reçue de lui était datée de Pise, et depuis...

— Ah! fatal séjour! ville à jamais maudite! s'écria-t elle avec un geste de désespoir; c'est là qu'on me l'a pris, c'est là qu'on m'a ravi mon enfant. — Et d'une voix fiévreuse elle se mit à raconter ce que je savais déjà, tout ce que j'ignorais encore, la rencontre qu'elle avait faite à Pise, ses relations avec madame de R..., la passion de Jean qu'elle n'avait pas su prévoir, le trouble et le remords dont elle avait été saisie en voyant

clair dans le cœur de son fils. — J'étais sans
défiance, rien ne m'avait averti du danger.
Cette jeune femme semblait aussi peu faite
pour inspirer la passion que pour la ressentir. Nulle exaltation dans les idées, l'imagination la plus calme, un cœur parfaitement
rassis, avec cela un esprit ingénu, une âme
vide et sans détours, étalant naïvement sa
nudité, trop satisfaite d'elle-même pour recourir à des vertus d'emprunt, enfin beaucoup d'assurance, et pas l'ombre de coquetterie : elle ne se donnait pas même la peine
de chercher à plaire. Il n'était pas jusqu'au
caractère de sa jolie figure qui ne contribuât
à ma sécurité : il y manquait l'étincelle divine, la flamme de l'intelligence. Je ne
voyais ses traits s'animer, ses beaux yeux
prendre feu que lorsqu'elle entamait le récit

des fêtes mondaines qui avaient été jusque-là l'unique occupation de sa vie, et qui représentaient pour elle le seul côté sérieux de la destinée. Elle n'avait pas d'enfants, s'applaudissait de n'en point avoir, et parlait de son mari juste assez pour rappeler de temps en temps qu'elle était mariée. Les arts et la nature l'intéressaient médiocrement ; quelques journaux de mode, qu'elle se faisait adresser de Paris, composaient toutes ses lectures. Je l'observais avec curiosité ; elle était pour moi un sujet d'étude. Ce qui me frappait surtout chez elle, c'était l'amour de la toilette et le génie de l'ajustement. Elle avait fait de la parure une espèce de culte qu'elle rendait à sa beauté. Peu lui importait le public ; elle se parait pour se parer, pour sa propre satisfaction et son

agrément personnel. Quoique souffrante et
résignée à passer dans la retraite le temps
de son exil, elle était arrivée avec toute une
cargaison de caisses à chiffons, absolument
comme s'il s'agissait de passer l'hiver à la
cour. Je me souviens qu'un soir je la trouvai chez elle en toilette de bal. Toutes les
bougies étaient allumées ; elle était seule et
n'attendait personne. Parfois, à la veillée,
dans le petit appartement que j'occupais à
la *locanda*, tandis que je travaillais sous le
bec d'une lampe de cuivre, elle entrait tout
à coup comme un tourbillon, habillée tantôt en espagnole, tantôt en bohémienne,
tantôt en marquise de Pompadour, éblouissante dans tous ces costumes, qui étaient
autant de souvenirs des derniers bals auxquels elle avait assisté et qu'elle me décri-

vait dans leurs plus minutieux détails. Elle n'était pas futile, elle était la futilité. Eh bien! Monsieur, Jean l'adorait. Il avait découvert dans ce joli néant une victime de la société, un cœur dépareillé, une âme incomprise. Il devinait des trésors de mélancolie dans le mortel ennui qui la consumait. Ces apparences de frivolité n'étaient que le déguisement d'une douleur qui cherche à s'étourdir; il pressentait sous la grâce de ces mensonges des abîmes sans fond de passion contenue, de tendresse et de poésie. Que sais je encore? C'était la femme de ses rêves! Vous jugez cependant quel effroi fut le mien dès que j'ouvris les yeux. Madame de R... eût été libre que je n'aurais pas vu sans frémir mon fils se jeter tête baissée dans une semblable aventure. De toute façon, ma place n'était plus à Pise. A force de prières et de remontrances, j'avais amené Jean à partir avec moi. Nous partîmes ensemble, et même à présent je veux croire qu'il était sincère dans sa résolution de me suivre. Je m'en allais triomphante et heureuse de le sauver encore une fois; mais à Livourne, au moment de quitter l'hôtel pour nous rendre au bateau, il ne se contint plus, sa passion éclata en cris de révolte. Était-ce lui, Jean, mon dernier-né, que j'avais en secret préféré aux deux autres, était-ce lui qui me sacrifiait, moi, sa mère, à qui et à quoi, juste Dieu! Tout ce que je pus dire fut inutile : il résista même à mes larmes. Je continuai seule mon voyage, je rentrai seule dans la maison qui ne devait plus le revoir.

Elle s'interrompit un instant, et ses pleurs

recommencèrent de couler. — Ce qu'est devenue cette liaison, comment elle a vécu, comment elle a fini, je ne puis vous l'apprendre. Je sais seulement que mon fils y a laissé jusqu'à la fierté de son âme. Il n'existe plus, le jeune homme que vous avez connu. Ah! malheureux enfant, combien sa chute fut rapide! Il quittait Pise vers la fin de l'hiver et rentrait dans Paris. Il devait n'y séjourner qu'une semaine; des mois s'écoulèrent, et nous l'attendions encore. J'avais tout dit à mon mari. L'un et l'autre nous avons vieilli dans la foi de notre jeunesse; nous nous étions toujours figuré que l'amour, le premier des biens, était assez riche de ses joies et de ses douleurs pour pouvoir se suffire à lui même : Jean se chargea du soin de nous désabuser. Madame de R... l'entraînait dans un courant où notre avoir ne lui permettait pas de la suivre. Nous l'avions trop aimé; à la première résistance un peu sérieuse, il se cabra et mordit le frein. Aux objurgations de son père, il répondait avec aigreur; les remontrances de ses frères ne faisaient que l'irriter; mes plaintes le touchaient à peine. Je lui envoyais en secret tout ce dont je pouvais disposer; nous étions épuisés, à bout de sacrifices. Un jour enfin il poussa vers nous tous un cri d'effarement, le cri d'une âme où la vie se brise : il renonçait à reprendre sa place au milieu de nous, et, dans un adieu suprême, il demandait qu'on lui pardonnât. Reviens, reviens ! s'écria la famille éplorée. Oui, nous te pardonnons. Reviens, mon fils ! Reviens, mon frère ! La maison qui te pleure s'ouvrira pour te recevoir, et nous fêterons, nous aussi, le retour de l'enfant prodigue. Ainsi nous le rappelions tous, et pourtant il ne revint pas. Le lien fatal semblait rompu ; quel autre charme pouvait le retenir ? Il avait mis fin à ses exigences et parlait vaguement d'un long travail qu'il avait entrepris ; il remettait de mois en mois, et nous l'attendions toujours. C'est là, Monsieur, qu'en étaient les choses. Il n'écrivait qu'à longs intervalles ; il y avait dans le ton de ses lettres je ne sais quoi de sec et de banal qui me glaçait le cœur. Nous ne vivions plus ; une sourde inquiétude nous minait lentement. Nos deux aînés allaient partir pour s'enquérir de sa situation et tenter auprès de lui un dernier effort, quand tout à coup de sinistres rumeurs, qui depuis quelque temps couraient dans le pays, pénétrèrent jusque sous notre toit. Ce fut le curé du village qui, le premier, nous donna l'alarme. Il avait vu grandir nos enfants; il était le confident, le consolateur de nos peines. On disait, on affirmait tout haut que Jean de Thommeray, notre fils, traînait son nom dans un monde où ne se fourvoient ni les esprits droits ni les cœurs honnêtes, qu'il passait à Paris pour un des princes de la jeunesse désœuvrée, qu'il avait un hôtel, qu'il avait des chevaux, que le jeu fournissait à ce luxe éhonté. Le ciel s'écroulait sur nos têtes. Ce n'était plus aux frères de partir, mais au père. Il revint au bout de quelques jours : ses cheveux avaient achevé de blanchir. Je le vois encore rentrant dans sa demeure, où dix générations successives avaient conservé intact le culte de l'antique vertu, où pas un n'avait failli, où de tout temps la bonne renommée avait tenu lieu de richesse. Il vint à moi et me dit : Femme, il ne nous reste plus que deux fils. Ce fut tout. Je n'appris que plus tard ce qui s'était passé. Comme il allait franchir le seuil de l'hôtel où Jean nous avait laissé croire qu'il s'était logé modestement, un break attelé de quatre chevaux, sortait à grand fracas de la cour. Deux laquais poudrés et galonnés occupaient le siége de derrière ; Jean conduisait lui-même l'attelage : assise auprès de lui, une créature insolemment parée répandait jusque sur les roues les vastes plis de sa robe flottante. Après avoir vu l'étalage de notre honte s'éloigner et se perdre dans l'avenue des Champs-Élysées, M. de Thommeray avait remis sa carte à un valet de pied, et il était reparti le jour même. Vous savez le reste. Toutes relations ont cessé entre nous et le fils indigne; nos serviteurs ont ordre de ne plus prononcer son nom. Eh bien! tout indigne qu'il est, je ne puis pas l'arracher de mon cœur; je suis sa mère, il est mon enfant. On a été trop dur, on ne s'est pas souvenu des paroles du Christ, on a manqué de charité. Pour le relever, il ne fallait peut-être que lui tendre la main : le farouche honneur, l'implacable orgueil ne l'ont pas voulu. Vous irez le trouver, Monsieur. Vous me le promettez? poursuivit-elle d'une voix suppliante. Ne le heurtez point, cherchez plutôt à l'attendrir. Vous connaissez la vie qu'il nous a faite : elle était hier, elle sera demain ce qu'elle est aujourd'hui. Racontez-lui ce que vous avez vu, mettez sous ses yeux le tableau de notre intérieur désolé. Il n'est pas méchant ; dites-lui que je l'aime encore, et, si déchu qu'il vous paraisse, ne l'abandonnez pas, allez à lui sans vous lasser. Le mal, comme le bien, a ses heures de défaillance ; pour sauver une âme en détresse, pour la ramener au rivage, il suffit parfois du brin d'herbe que la colombe jette à la fourmi qui se noie. Enfin, Monsieur, vous m'écrirez ; ne me cachez rien, mais parlez-moi de lui ; que je sache qu'il vit, que je le sente vivre, dussé-je achever d'en mourir !

Je m'attendais à des révélations douloureuses, et pourtant, je l'avoue, ces confidences dépassaient toutes mes prévisions. Était-ce bien de Jean qu'il s'agissait ? Par quelle pente, par quels degrés ce jeune homme était-il descendu des hauteurs où je l'avais laissé ? Quel choc imprévu avait pu le jeter dans les bas-fonds d'un monde dont le contact seul eût révolté jadis tous ses instincts ? Sans avoir là-dessus aucune donnée certaine, madame de Thommeray, avertie par l'instinct maternel, le plus sûr des instincts, attribuait à madame de R... la chute de son fils. Que la jolie comtesse y fût pour quelque chose, je n'étais pas moi-même éloigné de le croire ; mais que cette bulle de savon eût pesé d'un tel poids sur une destinée, que cette folle brise eût déraciné l'espoir d'une famille, démantelé l'honneur d'une maison, voilà ce qui ne s'expliquait pas. Ma raison s'y perdait. Il se faisait tard. Nous avions rejoint M. de Thommeray au salon; je serrai la main de mes hôtes, trop généreux pour chercher à me retenir, et je m'éloignai pénétré de tristesse, en repassant dans mon esprit tout ce que je venais de voir et d'entendre.

De retour à Paris, je pensai à m'acquitter sans retard de la mission qui m'était confiée; mais, avant d'agir, je désirais savoir au juste quelles étaient les habitudes de Jean et quelle existence il menait. Malgré tout ce qui avait frappé mes yeux et mes oreilles, j'hésitais à croire le mal aussi profond que je l'avais jugé d'abord sous l'influence du milieu austère où je venais de passer quelques heures : je tenais à m'assurer si M. et Madame de Thommeray ne s'exagéraient pas involontairement la portée des écarts de leur fils. Quoique étranger au monde des affaires, j'y comptais pourtant des amis : les renseignements que j'obtins ne me laissèrent malheureusement aucun doute. Tout était vrai et au grand jour : Jean ne cachait rien de sa vie. Il ne faudrait pas pourtant s'imaginer qu'on ne parlât de lui qu'avec mépris; nous avons des trésors d'indulgence pour la corruption élégante et prospère. Ses coups de bourse, son bonheur au jeu, lui valaient sur la place moins de contempteurs que d'envieux, et, tandis que sa famille le rejetait, il y en avait plus d'une qui l'eût adopté volontiers Du reste, l'opinion de ses contemporains lui était fort indifférente; le vice avait rarement affiché de si vertes allures. Il vivait publiquement avec une sorte de créature que ses aptitudes et sa dextérité à dévorer les fils de famille avaient rendue célèbre sur le turf parisien. Fiametta était son nom de guerre ; son nom de paix, nul ne l'a jamais su. L'histoire de leur rencontre ne mériterait pas d'être rapportée, si l'on ne pouvait y voir un trait des mœurs du temps. Un dimanche, en plein soleil d'été, la Fiametta traversait seule le jardin du Palais-Royal. La hardiesse de sa démarche, le carmin de ses lèvres, le caractère de sa beauté, qu'accentuait encore l'éclat de sa toilette, auraient suffi pour attirer tous les regards ; mais ce qui la signalait surtout à la curiosité des promeneurs, c'était la masse énorme de cheveux roulés dans un filet de soie qui tombait du sommet de la tête jusqu'au milieu du dos, et qu'elle portait littéralement comme une hotte. Jamais la folie du cheveu n'avait été poussée si loin. L'extravagance de ce luxe d'emprunt avait mis le public en gaieté, et, la donzelle n'ayant dans sa personne rien qui commandât le respect, un instant vint où elle se trouva enfermée dans un cercle de quolibets. Chacun disait son mot, les femmes s'en mêlaient. D'honnêtes bourgeoises, à qui les appointements de leurs maris ne permettaient qu'un modeste chignon plat comme une galette, criaient au scandale, et se vengeaient ainsi des rigueurs de la destinée. Elle cependant, l'air hautain et superbe, demeurait impassible au milieu de la foule qui grossissait. L'arrogance de son attitude ne faisait qu'exciter la verve des assistants, quand tout à coup, sous le feu croisé des rires gouailleurs et des malins propos, elle enleva d'un tour de main le filet où la masse de cheveux était emprisonnée, et toute sa chevelure, entraînée par son propre poids, se déroula en larges nappes et l'enveloppa comme un manteau. Les rires avaient cessé, un cri d'étonnement sortit de toutes les poitrines. Jean, qui passait par là, avait été témoin de cette scène. Il s'approcha gracieusement de la belle qu'il voyait pour la première fois, et que son triomphe échevelé ne laissait pas d'embarrasser un peu. — Madame, lui dit-il du ton le plus courtois, ma voiture est à deux pas d'ici, et, si vous le permettez, j'aurai l'honneur de vous y conduire. — Sans hésiter, elle avait accepté le bras de Jean, et, à partir de ce jour, ils ne s'étaient plus quittés.

Attractions du ruisseau ! éternelle puissance de la putréfaction morale ! cette fille,

d'une beauté douteuse et d'un âge incertain,
aussi dénuée de cœur que pourvue de cheveux, exerçait sur Jean un empire absolu. Il
se montrait partout avec elle, au bois, aux
courses, au théâtre ; c'est elle qui tenait sa
maison, elle y était maîtresse et souveraine.
On peut d'après cela se former une idée de la
société qu'il recevait chez lui : femmes déclassées, gens de bourse, auteurs peu considérables, journalistes peu considérés, petits
gentilshommes à bout de patrimoine, et qui,
sans emploi ni ressources avouables, faisaient grande chère et beau feu, tels étaient
les commensaux habituels de la place où je
me préparais à pénétrer. La démarche était
scabreuse, je n'en espérais aucun résultat.
Je n'avais rien de ce qu'il faut pour travailler fructueusement à la conversion des pé-

cheurs ; mais, outre que j'obéissais à madame de Thommeray, je ne pouvais me défendre d'un mouvement de compassion pour ce jeune homme qui m'avait été cher et que j'avais connu si aimable. Il y avait dans le déraillement de sa destinée un mystère qui m'attirait. J'éprouvais l'impérieux besoin d'interroger le gouffre qui l'avait englouti : je voulais lui donner jusque dans son abaissement, à défaut d'estime, un témoignage d'intérêt.

Donc, un matin, je me rendais chez Jean. Son hôtel était situé dans une des rues encore assez désertes qui aboutissent à l'avenue des Champs-Élysées. L'habitation se composait d'un seul étage ; le boulingrin qui s'étendait devant le perron, les massifs de verdure qui masquaient les écuries et les remises, lui donnaient un air de cottage. Un domestique en culotte courte et en habit à la française avait pris mon nom : quelques instants après, j'étais introduit dans un salon d'attente qui n'eût point déparé l'intérieur d'un palais. Œuvres d'art et tableaux de maîtres, tentures de damas de soie, tapis de Smyrne, émaux de la renaissance, vieilles faïences italiennes ; une bougie brûlait à l'intention des fumeurs sur une table de marqueterie couverte de journaux, de brochures et de bulletins portant les derniers cours de la Bourse. Jean me suivait de près, je n'eus pas l'ennui de l'attendre longtemps ; une porte s'ouvrit, et je le vis paraître.

Il vint à moi la main tendue, avec beaucoup d'aisance et de désinvolture, sans le moindre trouble apparent, comme si le luxe au milieu duquel je le surprenais eût été le prix avéré d'un travail glorieux ou honnête. Il commença par s'excuser de m'avoir si longtemps négligé. — Vous êtes tout excusé, lui dis-je. J'arrive de Bretagne, j'ai eu l'occasion d'y voir votre famille, et, comme vous ne m'avez jamais parlé de vos parents qu'avec amour et respect, je crois remplir un devoir en venant vous entretenir de l'état d'affliction où je les ai trouvés.

Je partis de là pour lui rendre compte du spectacle navrant dont j'avais été le témoin; mais lui, m'interrompant presque aussitôt : — De grâce, Monsieur, n'allez pas plus avant, me dit-il avec un grand calme et d'un ton d'urbanité parfaite. Je rends justice à vos intentions, mais je sais depuis longtemps tout ce que vous pensez avoir à m'apprendre, vous ne m'apprendriez absolument rien. C'est entendu, ma façon de vivre est pour tous les miens un sujet de trouble et de scandale. Mes frères me renient, ma mère pleure en secret sur moi, mon père ne me connaît plus. Parlons à cœur ouvert, je suis le désespoir et la honte de ma famille. Eh bien! Monsieur, soyez mon juge. Qu'ai-je fait pour provoquer cet appareil de deuil et ce déploiement de rigueurs, pour mériter de perdre l'affection des êtres qui m'aimaient et pour tomber si bas dans leur estime? J'aurais commis quelque grand crime que je ne serais pas traité plus durement. Est-ce ma faute, à moi, si mes parents, enfermés et murés dans le souvenir de leur jeunesse, ont vieilli sans s'apercevoir du travail qui s'accomplissait autour d'eux? Est-ce ma faute si, après avoir été élevé comme dans un cloître, bercé d'illusions, nourri de contes bleus et gorgé d'idéal, je me suis éveillé un beau matin en présence d'une société où il n'y avait de vrai que l'argent, et qui démentait par la fureur de ses convoitises toutes les croyances, toutes les rêveries dont on m'avait farci la cervelle ? Est-ce ma faute enfin si, dans cette terre promise où j'arrivais la lèvre en feu et le cœur plein de flamme, je n'ai trouvé que des sources taries et des brasiers éteints ? Je n'étais pas un saint. Las de courir après les chimères, de n'embrasser que des fantômes et de laisser un lambeau de ma chair dans chacun de ces embrassements, je me suis accoutumé peu à peu aux réalités. Ne pouvant prétendre à réformer le siècle, j'ai fini par me faire à ses mœurs et par endosser sa livrée ; il m'a paru que, dans une société où l'argent était dieu, ne pas être riche serait une impiété. Le temps n'est plus du bien longuement et laborieusement amassé. Tout va vite aujourd'hui. On ne conquiert plus la fortune, on la surprend ou on la force. J'ai joué, je ne m'en défends pas : si c'est un cas pendable, voilà beaucoup de gens en l'air. J'avais l'audace et le sang-froid, le coup d'œil prompt et sûr, la décision rapide, tout m'a réussi : où est le mal ? Je soutiens par le jeu l'état de maison que le jeu m'a donné : parmi les fortunes du jour, combien en comptez-vous qui puissent invoquer une autre origine et qui se maintiennent par une autre industrie ? Si vous consultiez le carnet de mon agent de change,

vous m'y verriez en nombreuse et bonne
compagnie. Mes parents ont vécu des passions de leur époque : je vis des passions de
la mienne. Quelle action cependant peut-on
me reprocher ? Me suis-je enrichi au détriment de l'honneur ? Mon nom a-t-il servi
d'enseigne à quelque entreprise douteuse ?
M'a-t-on surpris me glissant le soir dans
quelque tripot clandestin ? Je travaille en
pleine lumière et vais partout tête levée. Si
ma richesse est fille du hasard, je la légitime et l'anoblis par l'usage que je sais en
faire. Je dépense en grand seigneur, et l'or
qui passe par mes mains n'a pas le temps
de les salir. Quant au monde dont je m'entoure, croyez-moi, de quelque nom qu'il
vous plaise de l'appeler, il ne vaut ni plus
ni moins que celui qui s'intitule modeste-

ment le meilleur monde. On peut sans risque ni péril se laisser choir de celui-ci dans celui-là : on ne tombe pas de bien haut. Que ma famille se rassure, les petites dames ne coûtent pas plus cher que les grandes : elles offrent cet avantage, qu'on sait tout de suite à quoi s'en tenir sur leur désintéressement. Avouons-le, ces diverses catégories de monde ne sont que nominales : au fond, elles n'existent pas. Plus ou moins grossiers, plus ou moins hypocrites, plus ou moins effrontés, les appétits sont partout les mêmes. Il n'y a plus d'âmes ; c'est la matière qui nous mène. La société n'est plus qu'une immense bohème : d'un côté, la bohème crottée, haineuse, envieuse, qui aiguise ses dents et qui guette son heure ; de l'autre, la bohème dorée, qui se dépêche de vivre et de jouir comme si elle se sentait emportée fatalement vers le cap des tempêtes, comme si chaque jour qui s'écoule n'était pas sûr du lendemain. Voilà, Monsieur, la vérité vraie : le reste n'est que songe et mensonge.

C'était une grande pitié d'entendre ce jeune homme exalter sa chute et glorifier sa déchéance. Je ne le quittais pas des yeux, et l'examen de sa personne ne démentait point son langage. Tout chez lui trahissait les habitudes de sa vie nouvelle. Les veilles, les excès, les émotions du jeu, avaient fané son teint, flétri ses tempes et dépouillé son front. Le regard, autrefois si doux et si limpide, prenait par instant le reflet bleuâtre et le dur éclat de l'acier. La précision du geste, le son métallique de la voix, le ton sec et cassant, l'assurance et l'aplomb que donne la richesse, faisaient de lui un des types accomplis du monde qu'il venait de peindre. Lorsqu'il était parti pour Pise, j'avais dit adieu à un poëte, je retrouvais un homme d'affaires. — Vous vous êtes complétement mépris, répliquai-je, sur la pensée qui m'a conduit auprès de vous. Je n'apportais ici ni plaintes ni sermons : vous n'aviez pas à vous défendre. Vous vivez comme il vous convient, je n'ai point qualité pour apprécier vos actes. Je crois seulement que vous ne vous faites pas une idée nette et claire de l'état d'affliction où votre famille est plongée : c'est mon devoir de vous en instruire. Souffrez donc que je reprenne les choses où je les ai laissées quand vous m'avez interrompu, car il faut que vous m'écoutiez. Je serai bref, et, ma tâche remplie, vous n'aurez d'autre juge que vous-même, je vous livrerai à vos réflexions. — Et, sans m'arrêter au geste d'impatience dont il n'avait pas été maître, j'entamai à nouveau le récit de ma visite chez ses parents. Je m'adressais, hélas! à une âme déjà bien endurcie. Tandis que je parlais, il allait et venait dans la chambre, tordant et mordant sa moustache, et je lisais dans sa pensée qu'il n'eût pas été fâché de voir surgir un incident qui m'aurait obligé de quitter la place. Quand j'en vins cependant à parler de sa mère, quand je la lui montrai usée par le chagrin, quand je lui rappelai qu'il avait été son enfant de prédilection, quand je lui affirmai qu'il l'était encore malgré ses fautes et ses égarements, je le vis par degré changer de maintien, ses traits se contractèrent, il se jeta sur le divan où j'étais assis, et prit sa tête entre ses mains. J'avais touché le point vulnérable, mais, pour y arriver, il m'avait fallu fouiller en plein roc, et dans son attendrissement même je sentais encore je ne sais quoi de farouche et de résistant.

Je le regardai quelque temps en silence, puis je l'attirai doucement vers moi. — Est-ce vous, Jean, que je retrouve ainsi, vous qui m'aviez laissé voir une âme si haute et si fière ? Vous n'êtes point la dupe des sophismes et des paradoxes que vous mettiez tout à l'heure en avant. Un groupe d'individus vivant aux crochets du hasard ne représente pas toute la société : vous vous noyez dans une mare et vous accusez l'océan. C'est ce que vous-même appeliez jadis une philosophie d'antichambre. Pour que vous en soyez venu là, il a dû se passer dans votre vie quelque chose d'affreux, quelque chose d'irréparable. Eh bien ! mon enfant, un poëte l'a dit, on se console en se plaignant, et parfois une parole nous a délivrés d'un remords. Au nom de la sympathie qui vous avait entraîné vers moi, au nom du sérieux intérêt que vous n'avez pas cessé de m'inspirer, confiez moi le secret du mal que vous avez souffert. J'en connais déjà l'origine. Vos dernières lettres m'avaient appris ce que peut-être vous ignoriez alors. Vous aimiez madame de R... Vous êtes resté seul avec elle à Pise, vous l'avez suivie à Paris. Dites, Jean, que s'est-il passé ? On vous a fait au cœur une blessure bien profonde, plus profonde que celle dont vous aviez failli mourir. S'il est trop tard pour la fermer, s'il ne m'est pas donné de pouvoir la guérir, ne puis-je du moins, cette fois encore, y porter une main amie?

Au nom de madame de R..., il avait tressailli : un sourire étrange effleura ses lèvres. Ce fut l'affaire d'un instant. Il se leva, roula entre ses doigts une cigarette, l'alluma à la flamme de la bougie, puis, avec la familiarité du parvenu, il se mit à cheval sur une chaise en point de Beauvais, et les bras appuyés sur le dossier, d'un air aussi dégagé que s'il débitait la nouvelle du jour ou l'anecdote de la veille : — Mon Dieu, Monsieur, s'il peut vous être agréable d'entendre raconter cette petite drôlerie, je veux bien vous la dire. Je doute, à ne vous rien céler, qu'elle réponde à votre attente. C'est une histoire toute simple, et qui n'a pas, au temps où nous sommes, le mérite de l'originalité;

vous la prendrez pour ce qu'elle vaut. Voici la chose dans sa grâce naïve. J'aimais madame de R...; je l'aimais d'un amour craintif et discret. Je ne m'arrêtais pas, ainsi que le faisait ma mère, à l'apparente frivolité de ses goûts ; quelques soupirs mal étouffés, quelques réflexions inspirées par l'instabilité des affections humaines, m'avaient ouvert sur le passé de cette jeune femme des perspectives désolées. J'étais tout pénétré des premières lectures dont ma jeunesse avait été nourrie : je voyais en elle un cœur brisé et qui n'aspire plus qu'au repos. Mon amour n'avait pas encore osé se déclarer, lorsque ma mère en surprit le secret. Elle n'eut plus dès lors qu'une pensée, m'arracher au danger qu'elle pressentait, et quitter Pise en m'entraînant avec elle. Je résistai à ses remontrances, je finis par céder à ses prières. J'étais de bonne foi. Madame de R... n'avait rien dit, rien fait pour encourager ma passion ni pour en provoquer l'aveu. En avait-elle seulement le soupçon ? Je n'aurais pas voulu l'affirmer, tant elle semblait morte au sentiment qui remplissait ma vie. L'annonce de mon prochain départ ne l'avait émue ni troublée ; elle ne songeait pas plus à s'en étonner qu'à s'en plaindre. Il ne me déplaisait point d'aller ensevelir dans la retraite l'éternelle tristesse d'un amour malheureux ; je partis sans esprit de retour. Cependant, à mesure que je m'éloignais, un flot de pensées tumultueuses montait à mon cerveau. Je m'indignais contre moi même : je m'accusais d'imbécillité. Une voix intérieure me criait que je laissais le bonheur derrière moi : qu'avais-je fait pour le saisir? En me reportant à l'heure des adieux, je me figurais que son dernier regard renfermait un reproche, que la dernière étreinte de sa main essayait de me retenir. A Livourne, au moment d'abandonner le pays où fleurit l'oranger, la terre où je l'avais connue, où je l'avais aimée, je sentis que le sacrifice était au-dessus de mes forces : je m'échappai des bras de ma mère et repris la route de Pise. A peine arrivé, je courus au palais qu'habitait madame de R..., je me jetai à ses genoux, je couvris ses mains de baisers et de larmes, et il faut bien qu'elle ait été touchée d'une passion si méritante, car je lui dois cette justice qu'elle ne tarda pas à m'en octroyer le prix.

Je ne le nie point, je connus d'heureux

jours. En amour, aussi bien qu'en matière de foi, il n'est rien que de croire, l'objet du culte importe peu ; tout ce que l'on croit est vrai, il n'y a de vrai que ce que l'on croit. J'aimais, j'étais aimé : mon rêve s'était fait chair, il palpitait sous mes caresses. Jamais lune de miel ne brilla d'un si doux éclat. Je vivais dans l'extase, je marchais sur les nuées, je goûtais dans leur plénitude les joies et les ivresses qui mettent l'homme au rang des dieux. L'heure était proche où j'allais reprendre ma place parmi les mortels. Le printemps s'annonçait à peine que déjà Valentine, c'était son nom d'ange, se montrait impatiente de retourner en France. Je me disposais à l'accompagner ; elle me fit entendre qu'elle avait vis-à-vis du monde des ménagements à garder. En même temps elle me conseillait, avec toute la tendresse imaginable, d'aller passer deux ou trois mois chez mes parents : nous devions tous les deux cette réparation à ma mère, elle insistait beaucoup là-dessus. J'étais inquiet sans savoir pourquoi ; j'éprouvais le sourd malaise qui précède la fin du bonheur. La veille du départ, comme elle achevait ses préparatifs avec l'ardeur d'une pensionnaire qui s'apprête à quitter le couvent : — Vous partez sans moi, vous partez ! lui dis-je. Que vais-je devenir loin de vous ? Je ne le comprends que de trop, nous ne nous verrons plus qu'à travers mille obstacles. Si vous le voulez bien, nous ne nous séparerions pas. Je sais qu'il y a dans la Sabine ou dans les gorges du Mont-Cassin des solitudes enchantées faites pour servir de refuge aux âmes que la société opprime ou méconnaît : c'est là que nous irions vivre tous deux, libres, ignorés, oubliés du monde qui n'est pas digne de vous posséder. — Toute séduisante qu'elle était, cette proposition n'obtint pas le succès que j'en espérais. — La Sabine ! le Mont Cassin ! je n'y avais jamais pensé ; nous en reparlerons, me dit-elle. — Cette réponse, à laquelle j'étais loin de m'attendre, aurait dû m'éclairer : l'impression douloureuse se dissipa dans l'attendrissement des adieux. Je rentrais en France quelques jours après elle ; mais au lieu de me rendre en Bretagne, comme j'en avais l'intention, j'allai fatalement la rejoindre à Paris.

Ici, Monsieur, changement de décor ! J'étais de retour depuis près d'un mois, et il ne m'avait encore été permis de contempler ma divinité qu'à ses heures de réception, quand la cour et la ville faisaient cercle autour d'elle et défilaient dans ses salons. Un mot, un regard, un sourire, pour toute allusion au passé une pression de main furtive, tel était le régime frugal auquel je me trouvais soumis après tant de jours d'abondance. J'avais loué, dans un des quartiers les plus retirés et les plus solitaires, un pavillon isolé au fond d'un jardin, où vainement j'attendais l'heure du berger : comme l'ours qui, pendant l'hiver, se nourrit de sa propre graisse, mon bonheur en était réduit à subsister de ses souvenirs. Dernière ressource, consolation suprême des amants en retrait d'emploi, j'écrivais des lettres que j'oserai qualifier de brûlantes, et qui, pour la plupart, demeuraient sans réponse. Disons-le en passant, nous avons perdu l'habitude des entretiens épistolaires qui furent longtemps les délices d'une société aujourd'hui disparue. En général, les hommes n'écrivent plus que des lettres d'affaires, la furie du luxe a tué chez les femmes le goût et le génie de la correspondance. Valentine occupait avec son mari un hôtel de la rue de Courcelles. Cette âme opprimée n'obéissait qu'à ses caprices, ce cœur brisé n'offrait pas trace de fêlure, cette destinée flétrie dans sa fleur et que je m'étais donné pour tâche de réconcilier avec la vie, s'épanouissait au sein de l'opulence comme dans son élément naturel. Je ne pouvais m'empêcher de reconnaître que, si ma dame de R... était en effet une victime de la société, la société traitait assez doucement ses victimes. Quant au mari, je n'avais fait que l'entrevoir : c'était un homme de trente ans, à peine, fatigué avant l'âge, d'un aspect élégant et froid, et qui laissait volontiers à sa femme toutes les libertés dont il usait largement pour lui-même. Ils menaient grand train chacun de son côté, et vivaient sous le même toit à peu près étrangers l'un à l'autre. Voilà l'intérieur que je me plaisais à remplir de tragédies bourgeoises, d'épopées domestiques. Toutes mes idées étaient renversées. L'ange de Pise se dérobait et m'échappait par tous les bouts, et chaque fois que j'essayais de le ressaisir, les plumes de ses ailes me restaient dans la main. La résignation n'était pas mon fait. Irrité par les obstacles et les difficultés qu'il rencontrait à chaque pas, mon amour prenait de jour en jour un caractère plus tenace et plus âpre.

Cet amour, né dans mon cerveau, avait envahi tout mon être ; l'image des voluptés perdues obsédait mon cœur et mes sens. Bien que déchu de son prestige, l'objet était encore d'assez haut prix pour mériter d'être disputé ; comme Henri IV, je me mis en campagne pour reconquérir mon royaume. Tous les jours, aux mêmes heures, je battais à cheval les allées du bois, et j'avais parfois la satisfaction d'apercevoir mon inhumaine nonchalamment assise sur les coussins de sa voiture et distribuant autour du lac sourires et saluts familiers. Je me reportais aux longues promenades que nous faisions ensemble, par les après-midi silencieuses, sur les bords de l'Arno ou sous les chênes verts des *Cascines* ; mes réflexions étaient amères. J'avais noué des relations qui m'ouvraient la société parisienne. Les plaisirs de l'hiver promettaient de se prolonger jusqu'à l'été ; c'est au milieu du bruit et de l'éclat des fêtes que je la retrouvais le soir, et qu'il m'était accordé d'échanger quelques paroles avec elle. Je la suivais à travers la foule, et lorsqu'enfin je pouvais l'aborder, lorsque dans un tête-à-tête enlevé d'assaut et dont les instants étaient comptés, j'osais me plaindre à mots voilés et lui rappeler discrètement ce qu'elle semblait avoir oublié, elle avait avec moi des ingénuités d'enfant ou des étonnements de vierge qui coupaient court à tout et me désarçonnaient. J'étais bientôt obligé de céder la place, et je m'éloignais la rage dans le cœur, ne sachant ce que je devais admirer le plus, de ma bêtise ou de ma lâcheté. La splendeur de ses toilettes toujours nouvelles, l'inaltérable sérénité de ses traits, sa beauté de statue et ses airs de vestale achevaient de m'exaspérer ; il y avait des moments où je sentais s'allumer en moi des appétits de fauve prêt à se jeter sur sa proie. J'étais jaloux, et je n'aurais pu dire ni de qui ni de quoi. Également indifférente à tous les hommages, elle avait la froideur du marbre, de même qu'elle en avait la blancheur ; ma jalousie s'agitait et se consumait dans le vide. J'avais été vingt fois sur le point de me retirer : l'orgueil m'y poussait et me retenait tour à tour. Il me restait un espoir auquel je m'accrochais comme à une dernière branche. Le monde élégant allait se disperser : rendue à elle-même, Valentine me reviendrait peut-être, et j'entrevoyais d'heureux jours.

Un soir, à l'ambassade d'Autriche, dans une de ces fêtes présidées avec tant de grâce, et qui réunissaient toutes les étoiles de première grandeur, je profitai d'un moment où le vide s'était fait autour d'elle, je la saisis, pour ainsi dire, au vol ; je l'attirai dans une embrasure, et tout d'abord je m'informai de ses projets. — Voici l'été, vous ne le passerez pas à Paris : où irez-vous ? que pensez-vous faire ?

— Ce que je fais tous les ans, dit-elle. Les bains de mer me sont ordonnés...

— Et vous les prendrez ?...

— A Trouville.

— A Trouville ! m'écriai-je : c'est à Trouville que vous comptez aller !

— Sans doute. Où voulez-vous que j'aille ! Dans la Sabine ou dans les défilés du Mont-

Cassin ? Et elle se mit à énumérer et à décrire les *amours* de costumes qu'elle emporterait avec elle. Le grand artiste s'était surpassé. Costumes du matin, costumes de l'après-midi, costumes du soir : il y en avait pour toutes les heures de la journée.

— Ainsi, lui dis-je, vous retrouverez au bord de la mer l'existence que vous menez ici ?

— Au bord de la mer comme ici, je mène l'existence d'une femme de mon rang : quel mal y voyez-vous ?

Poussé à bout par l'imperturbable assurance de son attitude et de ses réponses, je laissai se répandre en reproches amers toutes les humiliations qui depuis six semaines s'amassaient dans mon cœur. Se jouait-elle de moi ? Pour qui me prenait-elle ? Avais-je rêvé ce qui s'était passé à Pise? Était-ce la comtesse de R... que j'avais tenue dans mes bras? N'avais-je possédé que son ombre? Tout cela était dit à voix basse, d'un ton agressif, avec le sourire sur les lèvres : on ne pouvait nous entendre, mais on pouvait nous observer. — Je ne sais pas ce que vous avez, répliqua-t-elle sans paraître autrement émue d'une si vive attaque. Je n'ai pas cessé d'avoir pour vous une affection véritable. Je n'oublierai jamais que, si je ne suis pas morte d'ennui à Pise, c'est à vous que je le dois. J'ai fait tous mes efforts pour élever mes sentiments à la hauteur des vôtres. Malheureusement ce qui était possible à Pise ne l'est plus à Paris. J'ai des devoirs envers le monde, envers mes proches, envers ma maison. J'aurai toujours grand plaisir à vous voir : de quoi vous plaignez-vous ?

Nous étions enveloppés, pressés de toutes parts. — Madame, lui dis-je de l'air le plus gracieux, vous ne m'aimez pas, vous ne m'avez jamais aimé et n'aimerez jamais personne : vous n'avez ni cœur ni âme. Moi, je ne suis ni d'âge ni d'humeur à m'accommoder plus longtemps du rôle d'amant honoraire. Souffrez donc que je vous dise un éternel adieu : je ne vous reverrai de ma vie. — Et je m'en allai.

Le croirez-vous ? Au bout de quelques jours, j'étais la proie d'un incommensurable ennui. L'amour ne meurt pas fatalement avec les illusions qui l'ont fait naître ; il vit encore par les racines longtemps après qu'il s'est découronné. Je m'étais promis de partir ; je restai. Je m'étais juré de ne plus mettre le pied dans le monde, j'y retournai avec l'espoir inavoué de retrouver madame de R... Le monde était désert, Valentine avait cessé de s'y montrer. Je la cherchai au bois, le bois s'était changé en une vaste solitude ; Valentine n'y venait plus. Je m'informai discrètement à son hôtel ; madame la comtesse vivait enfermée et ne recevait personne. Je me demandais avec une secrète complaisance si je n'étais pour rien dans ce brusque revirement. Un jour, je rôdais autour de sa demeure lorsque je rencontrai la femme de chambre qu'elle avait emmenée avec elle à Pise et qui avait été témoin de mon bonheur. — Ah ! monsieur Jean, je ne sais pas ce qu'a madame la comtesse ; depuis quelques jours elle ne fait que gémir et pleurer. — Bonne créature, que je l'aurais embrassée volontiers! Je n'en doutais pas, j'étais la cause de ces larmes. Je m'élançai sur les pas de la chambrière, et j'arrivai éperdu jusque dans le boudoir où se tenait ma chère désolée.

Moment plein de promesses! je ne puis y penser sans un frisson de volupté. Uniquement parée de sa beauté et n'ayant pour tout vêtement qu'un peignoir qui l'enveloppait comme un nuage de mousseline, elle était à demi couchée sur un divan de soie capitonnée, la tête renversée sur une pile de coussins, les cheveux en désordre, les paupières brûlées de larmes, la poitrine gonflée de soupirs. En m'apercevant, elle se souleva d'un air languissant et me regarda sans colère : de longs pleurs coulaient de ses yeux. J'embrassais ses genoux, je laissais déborder mon cœur. — Pardonnez moi, disais-je d'une voix suppliante. J'ai été dur et cruel envers vous ; mais fallait-il en croire un malheureux égaré par le désespoir et qui n'avait plus sa raison? J'étais fou. Ne pleurez pas. Vous savez bien que je vous aime! Dites que vous me pardonnez. — Je continuai quelque temps sur ce ton avec l'éloquence qui manque rarement à l'expression des sentiments sincères, et, sans me flatter, je doute que l'amour ait trouvé souvent des accents plus soumis et des notes plus tendres. Valentine pourtant se taisait, ses larmes ne tarissaient pas, et la situation commençait à devenir embarrassante, lorsque je m'en tirai par une explosion de lyrisme endiablé : — Mais puisque je t'aime, mais puisque je t'adore, puisque tu es mon âme, mon unique trésor, mon seul bien, ma vie tout entière, pourquoi donc pleures-tu ? m'écriai-je en la saisissant violemment dans mes bras. Oublie ce que j'ai pu te dire, vis dans le monde, puisqu'il te plaît d'y vivre ; sois la reine de toutes les fêtes, reine par l'élégance aussi bien que par la beauté ; tu n'entendras plus une plainte sortir de ma bouche, tu ne surprendras plus un reproche dans mon regard. J'applaudirai à tes triomphes, et lorsque, fatiguée de vains hommages, tu éprouveras le besoin de te reposer sur un cœur aimant et fidèle, tu n'auras qu'à faire un signe et tu me verras à tes pieds.

Tout en exécutant ces variations brillantes sur un thème vieux comme le monde, je pressais dans mes bras son corps souple et charmant. Je baisais tour à tour son front et ses cheveux, je séchais sous le feu de mes lèvres la céleste rosée qui baignait son visage, je m'enivrais du parfum sans nom qui s'exhale de la femme aimée, et qu'il suffit de respirer une fois pour en être à jamais imprégné. J'entendais le chant des séraphins, le paradis s'entr'ouvrait devant moi, quand Valentine, se dégageant d'assez mauvaise grâce : — Laissez-moi, dit-elle, ces propos sont hors de saison. Vous m'avez fait beaucoup de chagrin l'autre soir, je vous ai trouvé fort méchant; mais plût à Dieu que je n'eusse pas d'autres sujets de peine ! — Cet aveu si touchant, parti du fond de l'âme, m'avait subitement dégrisé. — Ainsi, lui dis-je avec un peu d'amertume et de confusion, je n'étais pour rien dans votre désespoir? Ces larmes, que je recueillais précieusement comme des perles dans mon cœur, ce n'était pas pour moi que vous les répandiez ? — Puis, oubliant ma déconvenue pour ne penser qu'à sa détresse : — Eh bien, Valentine, quels autres sujets de peine avez-vous ? Quels qu'ils soient, je veux les connaître.

— A quoi bon ? répliqua-t-elle ; je suis perdue, et vous n'y pouvez rien.

— Perdue ! m'écriai je, et je n'y puis rien ! Quelle idée vous faites-vous donc de l'amour, et n'est-il pas étrange que, aimée comme vous l'êtes, vous désespériez de la sorte ? L'amour peut tout ; ma vie vous appartient. Parlez, expliquez-vous. Le monde est rempli de lâchetés et de trahisons. De quoi s'agit-il ? Quel danger vous menace ? Que vous a-t-on fait ?

Les questions se pressaient et se succédaient coup sur coup. Je fouillais jusque dans son passé pour tâcher d'y saisir le secret douloureux qu'elle s'obstinait à me taire. — Vous n'y pouvez rien ! vous n'y pouvez rien ! disait-elle. — Je priais, je suppliais ; mon imagination s'enflammait à la pensée du rôle que j'étais appelé à remplir. J'échappais aux affadissements de la vie mondaine. Je respirais l'air des hautes régions pour lesquelles je me sentais né. J'abordais les entreprises chevaleresques, je me préparais aux grands sacrifices, aux poétiques dévouements que j'avais tant de fois rêvés. Valentine m'était rendue ; malheureuse, elle se relevait à mes yeux et recouvrait tout son prestige. Elle n'était plus l'ombre légère que je poursuivais de salons en salons; c'était une âme atteinte et souffrante, l'âme que j'avais devinée, l'héroïne que j'avais pressentie lors de nos premières rencontres. La sauver à tout prix, lui servir d'appui, de refuge, mourir pour elle s'il en était besoin, telle était désormais mon ambition. Elle parut enfin touchée de ma tendresse; à bout de résistance, son cœur éclata, et voici, Monsieur, les confidences qui s'en échappèrent... Madame de R..., avant qu'il fût question de son voyage à Pise, devait à ses fournisseurs, *couturier*, modiste, parfumeur et lingère, quelques menues sommes dont l'addition donnait au total une bagatelle de cent soixante-quinze mille francs. Pour sortir de presse, elle avait, à l'insu de son mari, contracté un emprunt, et, pleine de confiance en la Providence, dont la bonté s'étend sur toute la nature, s'était reposée sur elle du soin de faire honneur à ses engagements. Or les engagements arrivaient à terme, le juif repoussait tout accommodement. Valentine se trouvait au dépourvu en présence de deux cent mille livres à rembourser, intérêts compris, et il ne semblait pas que la Providence témoignât beaucoup d'empressement à se déranger pour lui venir en aide. Le comte avait lui-même des affaires assez embarrassées, et je démêlais sans peine que cette maison si fastueuse ne se soutenait qu'à force d'expédients. Valentine, avec une candeur adorable, m'en dévoilait les plaies et les misères dans un réquisitoire où l'égoïsme et les déréglements de son mari m'étaient présentés sous un jour peu clément. Lui seul était coupable ; quant à l'insanité de ses propres dépenses, elle n'en avait pas conscience et n'y faisait pas même allusion. Je l'écoutais, bouche béante et complétement ahuri. J'avais offert ma vie, et en l'offrant j'étais sincère ; mais deux cent mille francs, où les prendre ?

— Je sens pour la première fois, lui dis-je enfin avec tristesse, toutes les amertumes de la pauvreté.

— Pensez-vous donc que, si vous étiez riche, je vous aurais choisi pour confident ? répliqua-t-elle d'un air hautain.

L'heure n'était pas aux harangues. Après avoir réfléchi un instant : — Voyons, lui demandai-je, vous n'êtes pas au pied du mur ? Vous avez devant vous quelques jours de répit ?

— Huit jours, ni plus ni moins, dit elle.

— Huit jours ! m'écriai-je ; il n'en a fallu qu'un pour sauver la France à Denain.

Je la quittai sur ces admirables paroles qui durent lui mettre martel en tête, car la pauvre enfant connaissait plus à fond les modes de son temps que l'histoire de son pays.

J'employai le reste de la journée à faire, comme on dit, flèche de tout bois. Il m'avait suffi de pénétrer dans le milieu où vivait madame de R... pour comprendre que je ne pouvais plus, sous peine de déchéance, mener l'existence de bachelier dont je m'étais contenté jusque là. Dans une société où tout repose sur l'argent, l'amour ne saurait se passer de luxe, pas plus que les fleurs de soleil. Je m'étais donné un cheval et un coupé ; je les vendis. Je vendis les objets d'art et tous les jolis riens qui embellissaient ma retraite. Je vendis d'anciennes armes qui provenaient de ma famille, quelques bijoux, quelques émaux que je tenais d'une vieille tante, des gravures, des dessins de prix que j'avais rapportés d'Italie. Je vendis jusqu'à ma montre. Sans être considérable, le produit de ces ventes, visiblement faites sous le coup de la nécessité, me permettait pourtant de jeter le gant à la fortune et d'entrer en lice avec elle. Le soir même je partais pour Bade, et le lendemain je me présentais à la *Conversation*... Vous ne jouez pas, Monsieur ? vous n'avez jamais joué ?

— Si fait, pardieu ! lui répondis-je ; j'ai beaucoup joué dans ma jeunesse. Ma mère aimait à faire sa partie de bésigue, et je me prêtais filialement à cette innocente récréation. Encore aujourd'hui il ne me déplaît pas, le soir, à la campagne, de faire avec un vieil ami une partie de dominos.

— Je vous plains, reprit-il ; vous mourrez sans avoir connu les plus grandes émotions qu'il soit donné à l'homme d'éprouver. Le jeu est la passion souveraine. Qu'est-ce auprès que l'amour? La distraction d'une heure, le passe-temps des faibles âmes. Le jeu est la passion des forts. Rien ne la dompte, rien ne l'entame; la perte l'aiguillonne et le gain ne l'assouvit pas. J'étais comme vous; je n'avais jamais joué qu'à des jeux enfantins. Je pénétrais pour la première fois dans une salle de roulette. Je sentis d'abord mon cœur défaillir et mes jambes se dérober sous moi, comme si je commettais quelque chose d'énorme. Valentine à racheter me soutint et me releva. Je m'étais ouvert un passage à travers la foule; il y avait autour du tapis un siége inoccupé, je le pris, et j'étudiai d'un œil ardent le champ de bataille où j'allais manœuvrer. J'hésitai longtemps; je tourmentais d'une main fiévreuse l'or et les billets que j'avais tirés de ma poche. Maître enfin de moi-même, je me jetai dans la mêlée, et, pour me rendre les dieux favorables, je débutai par une offrande à ma jeunesse. Ce jour-là, j'avais vingt-cinq ans : c'était le jour anniversaire de ma naissance. Je plaçai cinq pièces de vingt francs sur le numéro vingt-cinq. Presque aussitôt la machine tourna; il me sembla que toute la salle tournait avec elle. Involontairement j'avais fermé les yeux.

Le bruit sec de la bille d'ivoire s'arrêta tout
à coup, et la voix du croupier proclama l'arrêt du destin. J'avais gagné ; on me compta
trente-six fois ma mise : les dieux étaient
pour moi ! Vous n'exigez pas que je vous raconte une à une les péripéties par lesquelles
je passai durant mon séjour à Bade. Je déjeunais à la *Restauration*. Sur le coup de onze
heures, je m'installais à la roulette, et n'en
bougeais jusqu'à onze heures de la nuit. Je
ne dînais pas, je soupais à peine, je ne dormais plus; la fièvre me brûlait les os; j'avais
parfois au jeu des hallucinations étranges.
Le tapis vert me faisait l'effet d'un océan
où je me débattais, tantôt soulevé, tantôt
englouti par la vague. Quand je pensais toucher au but, un flot contraire me rejetait
loin du rivage et me replongeait dans l'a-

bîme. Le terme fatal approchait : il ne me restait plus qu'un jour. J'étais en gain de quatre-vingt mille francs ; pour compléter la rançon de Valentine, il me fallait encore en gagner cent vingt mille. Je me sentais porté par la fortune. Je montai d'un pas léger les degrés du temple, et, le cœur gonflé par les résolutions suprêmes, j'entrai fièrement dans la salle où j'allais livrer mon dernier combat. A peine assis, pareil au capitaine qui s'apprête à frapper un coup décisif, je massai devant moi tout mon corps d'armée et ne réservai pas même de quoi assurer ma retraite. La galerie était frémissante. Je lançai au chef de partie un regard de défi, et je précipitai mes bataillons dans la fournaise. Ce fut une grande journée ; les habitués de Bade en conservent le souvenir. Je fis sauter deux fois la banque. Valentine était sauvée, je n'en demandai pas davantage. La foule me porta en triomphe comme si je venais d'accomplir une action d'éclat, et moi-même, dois-je l'avouer ? je n'étais pas éloigné de me prendre pour un personnage. Quelques heures après, je partais pour Paris : on ne m'eût pas beaucoup surpris en m'annonçant que ma rentrée y serait saluée par le canon des Invalides.

Je ne vous peindrai point les enchantements du retour. Il me semblait que j'avais des ailes, et qu'au lieu d'être emporté par la vapeur, je volais à travers l'espace. Le trajet fut une longue suite de rêves enivrés. Je me représentai la joie de Valentine, et aussi le doux prix qui m'attendait sans doute. En le méritant, j'avais perdu le droit de le solliciter ; mais il ne m'était pas défendu d'en caresser secrètement l'espoir. J'avais d'autres pensées. Je me disais qu'il y a des orages féconds, des douleurs salutaires. Instruite et corrigée par les épreuves qu'elle venait de traverser, Valentine renoncerait aux vanités qui l'avaient conduite à deux doigts de sa perte. Elle comprendrait que la vie n'est pas une exhibition de toilettes. Déjà Trouville ne l'attirait plus, et je me voyais passant avec elle la saison d'été sur quelque plage solitaire de Bretagne ou de Normandie. Nous vivions comme deux pêcheurs. J'en étais là lorsque j'arrivai dans Paris. Encore tout couvert de la poussière du voyage, les traits défaits, les cheveux en broussailles, je courus droit à son hôtel. Je forçai la consigne, et, sans donner au valet de chambre le temps de m'annoncer, je me précipitai chez elle comme un ouragan. Elle était seule. A ma vue, elle poussa un cri d'étonnement qui touchait à l'effroi. — A qui en avez-vous? dit-elle; qu'est-ce qui vous amène dans un si bel état?

— Vous allez le savoir, m'écriai-je. — Et me voilà entassant sur une table à ouvrage en laque du Japon des liasses de billets de banque au fur et à mesure que je les tirais de mes poches. J'en tirais de partout; ma poitrine en était bardée. J'entassais, j'empilais, et encore, et toujours ! Je ressemblais à la mère Gigogne : je ne tarissais pas.

Après que j'eus vidé mes coffres : — Vous étiez perdue, vous êtes sauvée, lui dis-je.

Et en peu de mots je racontai ce que j'avais fait. Elle demeura quelque temps intordite : — Vous avez fait cela ! s'écria-t-elle enfin.

— Le beau miracle ! repartis je en riant ; j'ai joué pour vous, et vous avez gagné. Je me suis fort diverti là-bas.

— Vous avez fait cela ! vous avez fait cela ! répétait-elle de plus en plus troublée. En vérité, je ne sais si je dois...

Elle n'acheva pas. La porte du salon s'ouvrit, on annonça le marquis de S... Par un bond de panthère, Valentine se jeta sur les billets amoncelés, et, les saisissant à poignées, les enfouit pêle-mêle dans le tiroir à fond de sac qu'elle avait ouvert et qu'elle referma sans négliger d'en ôter la clé. — Demain, chez vous.. chez toi ! me dit-elle à mi-voix. — En ce moment le marquis entrait.

Je le connaissais pour l'avoir vu aux réceptions de madame de R... et dans quelques salons où j'avais remarqué, sans m'en préoccuper, ses assiduités auprès d'elle. C'était un homme de belles manières, qui en avait fini depuis longtemps avec le matin de la vie, mais qui se défendait vaillamment contre les approches du soir. Possesseur de grands biens, il s'était fait une réputation d'habileté dans le monde diplomatique auquel il appartenait. Il avait l'air indolent et narquois, la lèvre sensuelle et l'œil fin avec ce clignotement de paupière particulier aux hommes habitués à cacher leur pensée et qui se défient même de leurs regards. Il boitait légèrement, non sans une certaine grâce, et on assurait qu'il en tirait vanité comme d'un point de ressemblance avec M. de Talleyrand, qu'il s'était donné pour modèle. J'avais lu dans un journal que le marquis de S... était appelé à un poste important. Je pensai qu'il venait pour prendre congé, et je me retirai. J'avais hâte d'ailleurs de réparer mes avaries. A la lettre, j'étais rompu. J'allai au bain, je dînai au Café anglais, et, rentré chez moi, je me roulai dans mes draps, où je ne tardai pas à m'endormir d'un profond sommeil : je l'avais bien gagné.

Il faisait grand jour quand je me réveillai. Demain, chez vous... chez toi ! avait elle dit. Demain, c'est aujourd'hui ! m'écriai-je. Et je préparai tout pour la recevoir et fêter sa présence. Je remplaçais par des massifs de plantes rares les objets de luxe dont je m'étais dépouillé pour elle. Je disposais sur un guéridon les fruits, les vins dorés et les friandises qu'elle aimait. Pour un peu, j'aurais jonché de lis, de jasmins et de roses le sable de l'avenue qui devait la conduire à ma porte; mais c'était dans mon cœur que se donnait la véritable fête. J'allais rentrer en possession de ma jeune et belle maîtresse; j'allais retrouver les joies que j'avais goûtées sous le ciel d'Italie. Tous mes sens étaient ravis. Les oiseaux chantaient dans mon petit jardin, le soleil inondait ma chambre, et avec l'air frais du matin, chargé des senteurs de l'héliotrope et du réséda, je humais à pleine poitrine l'amour, le bonheur et la vie. Cependant les heures s'écoulaient, la journée touchait à sa fin, et Valentine n'avait point paru. La nuit tomba, je vis les étoiles s'allumer une à une, j'entendis les bruits de la ville décroître et se

perdre au loin : j'attendais encore Valentine
J'eus le pressentiment de quelque catastrophe. Je ne me couchai pas. J'attendis encore toute la matinée. Dévoré d'inquiétude, je sortis pour me rendre chez elle. A mesure que je m'enfonçais dans la rue de Courcelles, mes appréhensions redoublaient. J'arrive enfin : toutes les portes, toutes les persiennes, tous les volets étaient fermés. J'avais collé mon front aux barreaux de la grille : la cour était silencieuse et déserte. On eût dit que la vie s'était tout à coup retirée de cette demeure habituellement si bruyante. Je sonnai : rien ne bougea, pas une âme ne répondit. Je restais immobile, me demandant si je rêvais, quand je sentis une main familière qui s'appuyait sur mon épaule : je me retournai et reconnus un de nos auteurs co-

miques les plus en renom que j'avais rencontré maintes fois dans le monde. — Veniez-vous faire vos adieux? me dit-il. Dans ce cas, mon bon, vous n'êtes guère en retard que de vingt-quatre heures : ils sont partis hier au matin.

— Partis! m'écriai-je ; de qui parlez-vous?

— Du comte et de la comtesse, parbleu !

— Et vous dites qu'ils sont partis ?

— En compagnie du marquis de S..., qui les emmène avec lui dans sa nouvelle résidence ; mais, mon cher, d'où sortez-vous ? Il n'est bruit que de cela, on ne parle pas d'autre chose.

— Si l'on ne parle pas d'autre chose et s'il n'est bruit que de cela, je crois pouvoir sans indiscrétion vous prier de me mettre dans la confidence.

— Comment donc ! reprit il, deux mots y suffiront. Tout là-dedans allait à la diable. On y brûlait depuis longtemps la chandelle par les deux bouts, si bien que les deux bouts avaient fini par se rejoindre. La petite comtesse était aux abois : deux cent mille francs d'arriéré, sans compter le courant, c'est dur ! De quoi s'est avisé le satané marquis ? Il connaissait la place, il en avait surpris les côtés faibles. Le vieux renard attendait son heure : il l'a saisie. Il a payé la dette de madame, et s'est fait attacher monsieur en qualité de premier secrétaire. Si vous aviez besoin de quelques explications...

— Grand merci ! lui dis je ; j'ai compris de reste. Voilà, Monsieur, une comédie toute faite.

— Vieux habits, vieux galons ! Le sujet n'est pas précisément nouveau.

— Si pourtant, ajoutai-je, vous vous décidez un jour à le traiter, je pourrai vous fournir un dénoûment qui le rajeunirait peut être.

Nous nous quittâmes là-dessus. Je marchai longtemps au hasard dans un état d'hébétement complet. Quand je repris mes sens, ma jeunesse était morte, un homme nouveau venait de naître en moi. C'est tout. Que pensez-vous de ma petite histoire?

— Voilà, m'écriai-je, une abominable aventure; mais franchement je n'y vois rien qui justifie votre métamorphose. Parce qu'on a eu le malheur de rencontrer sur son chemin une créature perverse ou pervertie...

— Eh ! non, Monsieur, eh ! non, reprit-il avec l'accent d'une douce insistance, vous êtes dans l'erreur, madame de R... n'était pas une créature perverse ou pervertie ; c'était tout simplement un produit naturel, quoiqu'un peu raffiné peut-être, de notre civilisation. Pourquoi lui jeter la pierre ? Inoffensive autant que nulle, ni fausse, ni rusée, ni perfide, aussi incapable d'un sentiment profond que d'une pensée sérieuse, sans notion exacte du bien et du mal, elle était naïvement et sincèrement ce que la société l'avait faite. Vous auriez tort de voir en elle une exception. Le règne des femmes est fini. Au lieu de pousser l'homme aux grandes choses, elles ne lui demandent plus que l'entretien de leurs vanités. Les besoins d'argent ont étouffé les besoins du cœur.

L'amour qui autrefois enfantait des prodiges acquitte aujourd'hui des factures. Il n'y a plus de femmes.

— Vous vous trompez, lui répliquai je. Il y a chez nous des mères, des sœurs, des amies, des épouses, qui, tous les jours et à toute heure, accomplissent dans l'ombre des miracles de bonté, de dévouement et de charité. Il y en a dans tous les rangs, depuis le plus humble jusqu'au plus élevé. Quoi ! parce que vous avez eu la simplicité de prendre une poupée pour une femme, il faut que toutes les femmes servent d'excuse à votre aveuglement ! Vous insultez à tous nos respects, à toutes nos vénérations ! La société est moins malade que vous ne voulez bien le dire, mais vous, Monsieur, vous l'êtes encore plus que je ne le craignais. Pourquoi n'êtes-vous pas retourné dans votre famille ? Vous aviez jeté vers elle un cri de détresse et de désespoir, elle vous rappelait, elle vous attendait.

Jean secoua la tête. — Il était trop tard, Monsieur. Je vous dois un dernier aveu. Depuis mon séjour à Bade, la fièvre du jeu ne m'avait pas quitté : à mon insu, pour racheter madame de R..., j'avais vendu mon âme au diable. Qu'aurais-je fait parmi les miens ? Je n'avais plus le goût des émotions paisibles : je serais bientôt mort de chagrin. Vivons et jouissons, après nous le déluge ! Voici l'heure de la bourse, et à mon grand regret je suis forcé de vous laisser.

— Encore un mot, lui dis-je en me levant, et vous irez à vos affaires. Jusqu'à présent, tout vous a réussi, mais vous ne vous flattez pas d'avoir enchaîné la fortune. Autrement vous joueriez à coup sûr, et où seraient l'honneur, la probité ? Vivons et jouissons, c'est très-joli, cela. Que ferez-vous le jour où la fortune vous trahira ? Car il viendra, ce jour, n'en doutez pas.

— Qu'il vienne, je suis prêt.

— Vous vous tuerez, lui dis-je.

Il ne répondit pas. — Et Dieu ?.. Et votre mère ?

Après un moment d'hésitation, Jean me tendit sa main : je la pris. — Vous êtes bien déchu, mon enfant ! Je m'explique la douleur de votre famille ; je la comprends et je la partage. Eh bien ! même à cette heure je ne veux pas désespérer de vous. — Il sourit tristement, et je le quittai.

A quelques jours de là, j'écrivais à madame de **Thommeray**, et, tout en m'appliquant à ménager son cœur, je lui rendais compte de mon entrevue avec Jean. Je ne cherchai pas à le revoir ; d'autres pensées me préoccupaient. La guerre venait d'éclater. Déjà l'ennemi marchait sur Paris : le monde était rempli du bruit de nos désastres.

Qui n'a pas vu Paris pendant les derniers jours qui précédèrent l'investissement ne saurait se faire une idée de la physionomie qu'il présentait alors. A la confusion, au désarroi, à l'effarement qu'avait jetés dans les esprits la nouvelle de nos défaites, succédaient les mâles pensées et les fermes résolutions. On se tenait prêt pour les grands sacrifices ; un courant d'héroïsme avait traversé tous les cœurs. Déjà les hommes veillaient sur les remparts. Les squares, les jardins publics étaient transformés en parcs d'artillerie, les places en champs de manœuvres où les citoyens devenus soldats s'exerçaient au maniement du fusil, toutes les classes mêlées et confondues ne formant qu'une âme, l'âme de la patrie. Les tambours battaient et les clairons sonnaient sur les berges du fleuve. Canons et mitrailleuses, traînés sur leurs affûts, ébranlaient les quais et les boulevards. Armées de leur tonnerre, les canonnières sillonnaient la Seine. Les débris de nos régiments mutilés apportaient au service de la défense le dernier sang de la France guerrière. Des bataillons de marins traversaient la ville pour aller occuper les forts; les gardes mobiles des départements, accourus du fond de leurs provinces, bivouaquaient çà et là sous des tentes improvisées. A côté de ces spectacles fortifiants, il y en avait d'autres d'une réalité navrante et qui marquaient à toute heure les progrès de l'invasion. Refoulées sur la capitale par l'approche des armées ennemies, les campagnes environnantes se réfugiaient dans son enceinte. Ce n'était partout que longues files de voitures chargées de meubles et d'ustensiles de ménage enlevés précipitamment. J'ai vu de pauvres gens attelés eux-mêmes à la charrette qui portait toute leur richesse et ne sachant pas où ils iraient coucher le soir; d'autres poussaient devant eux les troupeaux de leurs étables. Par un des contrastes où la nature semble se complaire, un ciel resplendissant, un gai soleil d'automne éclairaient ces scènes désolées.

J'étais rentré depuis une semaine. En ces jours de fiévreuse attente où personne ne tenait chez soi, je vivais dans la rue, attiré par tous les bruits, me mêlant à tous les groupes, recueillant toutes les nouvelles. Un matin, sur le quai Voltaire, entre le Pont-Royal et le pont des Saints-Pères, je me trouvai face à face avec Jean. — A la bonne heure ! lui dis-je en l'abordant, vous êtes resté, c'est bien.

— Oui, je suis resté, répliqua-t il ; j'avais à liquider ma fortune. Aujourd'hui, c'est chose faite. Toutes mes mesures sont prises : je pars ce soir pour aller vivre à l'étranger.

— Vous partez? m'écriai-je; c'est quand

votre patrie agonise que vous songez à la quitter !

— La patrie, Monsieur! L'homme sage l'emporte partout avec lui. Vous-même, que faites-vous ici ?

— Je n'y suis pas rentré pour en sortir. Je ne vaux plus grand'chose; mais c'est ici que j'ai connu les bons et les mauvais jours. Paris a fait de moi le peu que je suis. Je veux m'associer à ses périls, ne fût-ce que par ma présence. Je vivrai de ses émotions, je partagerai ses angoisses, et, s'il doit souffrir de la faim, j'aurai l'honneur d'en souffrir avec lui ; mais vous, Jean de Thommeray, mais vous! Je vous savais bien malade, mais je ne pensais pas que vous fussiez tombé si bas. Le pays est envahi, — et vous, jeune homme, au lieu de sauter sur un fusil, vous vous jetez sur votre portefeuille! La fortune de la France est près de sombrer, et vous n'avez d'autre souci que de réaliser votre avoir! Demain l'ennemi sera à nos portes, et vous bouclez votre valise, vous vous enfuyez lâchement! Ce n'était pas assez d'avoir plongé votre famille dans le deuil et le désespoir : vous lui infligez cette honte!

Une vive rougeur lui monta au front, un éclair brilla dans ses yeux. — Pardon, Monsieur, pardon! Voilà de bien grands mots, ce me semble. Vous êtes trop jeune, et moi trop vieux, pour que nous puissions nous entendre. Je ne m'enfuis pas, je m'en vais. Ce qui se passe n'est pas fait pour me retenir. Paris ne m'intéresse point. Qu'il soit châtié, ce n'est que justice. Quant à ma famille, elle est à l'abri des tracas de la guerre, et je ne vois pas pourquoi il me serait interdit d'aller chercher pour mon propre compte, soit à Bruxelles, soit à Londres, soit à Florence, la paix et la sécurité dont ils continueront de jouir en Bretagne.

Je sentais mon cœur submergé de dégoût. J'allais m'éloigner quand tout à coup Jean tressaillit. — Écoutez! dit il. — Je prêtai l'oreille et j'entendis une musique étrange, dont les accents, vagues d'abord et presque indistincts, grandissaient et semblaient se diriger vers nous. Je regardais en même temps que j'écoutais : j'aperçus à la hauteur du pont de Solférino une masse confuse et qui s'avançait en chantant. C'était un chant lent et grave, d'un caractère presque religieux, et qui n'avait rien de commun avec es éclats de voix auxquels nous étions habitués. Jean s'était accoudé sur le parapet. Je l'observais, il était très-pâle. Cependant la masse de moins en moins confuse se rapprochait de plus en plus. Je reconnus enfin un chant de la Bretagne et le son du biniou : les gardes mobiles du Finistère faisaient leur entrée dans Paris. L'hermine au képi, vêtus de toile grise, le bissac de toile grise au dos, ils s'avançaient d'un pas net et ferme, marchant par pelotons et occupant le quai dans toute sa largeur. En tête, à cheval, le chef de bataillon ; derrière lui, l'aumônier et deux capitaines. La tête de colonne n'était plus qu'à quelques pas de nous. A mon tour, j'avais tressailli. Je regardai Jean : sa main s'abattit sur la mienne. — Mon père!.. mes deux frères! dit-il d'une voix sourde. — Et

Jean vit passer devant lui, sous leurs formes les plus saisissantes, les éternelles vérités qu'il avait si longtemps méconnues : Dieu, la patrie, le devoir, la famille. Tout le cortége de ses années honnêtes défilait sous ses yeux en chantant. Je portai le dernier coup. A l'un des balcons du quai, je venais d'apercevoir sa mère. — Malheureux ! m'écriai-je, vous disiez qu'il n'y avait plus de femmes. Tenez, en voici une, la reconnaissez-vous ? — Madame de Thommeray agitait son mouchoir, le chant breton redoublait de ferveur, et le chef de bataillon, avec la courtoisie d'un vieux gentilhomme, s'inclinait sur son cheval et la saluait de son épée. Muet, immobile, l'œil morne et la paupière aride, Jean paraissait changé en pierre : je le laissai à la merci de Dieu.

Le lendemain, dans la cour du Louvre, le commandant de Thommeray assistait à l'appel de son bataillon. L'appel terminé, il passait devant les rangs, lorsqu'un mobile en sortit et lui dit : — Commandant, on a oublié d'appeler un de vos hommes.

— Comment vous nommez-vous ?

— Je m'appelle Jean, répondit le mobile en baissant les yeux.

— Qui êtes-vous ?

— Un homme qui a mal vécu.

— Que voulez-vous ?

— Bien mourir.

— Êtes-vous riche ou pauvre ?

— Hier encore je possédais une richesse mal acquise : je m'en suis dépouillé volontairement. Il ne me reste que mon fusil et mon bissac.

— C'est bon ! — Et d'un geste il le fit rentrer dans les rangs.

Il y eut un long silence. Le commandant était venu se placer devant le front du bataillon. — Jean de Thommeray ! cria-t-il.

Une voix mâle répondit : — Présent !

1873.

LE
COLONEL EVRARD

A M. AUGUSTE BRUN

Mon ami,

C'est chez vous, au Grand-Sacconex, que m'est venue la pensée d'écrire ces quelques pages. Permettez-moi de vous les adresser en souvenir des jours heureux que j'ai passés sous votre toit.

Jules Sandeau.

LE
COLONEL EVRARD

C'était un homme doux, silencieux, un peu triste, intrépide au feu, rêveur sous la tente. Bien que la nature et l'éducation ne l'eussent pas préparé à la vie des armes, il s'était engagé à vingt-cinq ans dans un des corps permanents de l'armée d'Afrique. Il avait vu se briser en un jour l'espoir de sa jeunesse, s'évanouir à jamais tout un avenir de félicité, et, se sentant seul pour la première fois, s'était jeté dans l'armée

comme dans un cloître. Il y avait vingt ans
de cela. Durant ces vingt années, il avait
gagné pied à pied tous ses grades, sans autre
protection que celle du devoir accompli.
L'armée offre en effet plus d'un rapport avec
le cloître. Elle bride les passions, elle règle
les âmes ; c'est un refuge ouvert à bien des
douleurs et à bien des mécomptes qui n'ont
plus celui de la foi. Il n'avait pas tardé à se
retremper dans ce milieu âpre et salubre ; un
prompt apaisement s'était fait en lui. Toutefois il demeurait fidèle à ses regrets, et le
souvenir du bonheur perdu lui semblait préférable au bonheur qu'il aurait pu trouver,
qu'il n'avait pas cherché. Tel était le colonel
Evrard. On s'étonnera peut-être que des sentiments si romanesques aillent se loger dans
les camps : je serais encore plus surpris de

les rencontrer dans le monde. Il n'avait pas revu la France depuis qu'il l'avait quittée. Avant de la quitter, il avait vendu son petit champ, réalisé son modeste avoir. Toute son ambition désormais était qu'on le laissât vieillir sous le beau ciel dont la sérénité était descendue peu à peu dans son cœur. Il aimait le métier qui l'avait sauvé de lui-même. Enfin il s'était pris d'une affection presque filiale pour cette terre qui devient si vite la patrie de ses hôtes : de loin, elle paraissait un exil, et l'exil commence le jour où l'on est forcé de s'en arracher. L'an dernier cependant, au début de l'été, il s'embarquait pour se rendre à Marseille. Un de ses frères d'armes, celui de tous qu'il chérissait le plus, un de ces héros inconnus qui disparaissent dans la fumée des champs de bataille sans avoir dit leur nom à la gloire, était tombé, mortellement atteint, en poursuivant les tribus révoltées, et, près d'expirer, l'avait institué son légataire universel. Il lui léguait sa mère et sa sœur, qui vivaient étroitement à Paris, et que sa mort devait plonger dans un état voisin de la détresse. C'était le testament d'Eudamidas : le colonel l'avait accepté purement et simplement. Son régiment n'était pas en expédition : il prit un congé et partit sur-le-champ pour aller recueillir une succession que personne ne songeait à lui disputer.

En moins d'un mois, grâce à l'activité de ses démarches, grâce aussi, car il faut bien dire ce qu'il ne disait pas, à sa propre libéralité, il eut assuré aux deux pauvres femmes une destinée à peu près convenable, à l'abri du besoin. Sa tâche terminée, il avait encore devant lui quelques semaines de loisir et d'indépendance ; il ne sut plus que faire. Paris embelli, transfiguré comme par la baguette des fées, le touchait à peine. En présence des merveilles d'une civilisation dont une longue absence l'avait presque déshabitué, il éprouvait déjà les atteintes de la nostalgie. Il regrettait sa vie large et simple au sein des grands espaces, ses nuits resplendissantes, ses soleils brûlants, ses steppes embrasés. Il résolut d'abréger le temps de son congé ; mais, avant de retourner en Afrique, cédant au besoin d'émotions qui ne meurt jamais dans le cœur de l'homme, il voulut revoir le coin de terre où il était né, dire un dernier adieu aux lieux qu'il avait tant aimés.

Un pèlerinage au pays d'où l'on est sorti jeune encore, et qu'on n'a pas revu depuis, est en général une des plus aigres déceptions auxquelles on puisse s'exposer. Il semble qu'on va retrouver dans leur fraîcheur les impressions du matin de la vie. On arrive : tout est morne et décoloré. Les fantômes souriants se sont transformés en spectres désolés. On ne remue, on ne soulève que des cendres. La nature elle-même a perdu les grâces qui la décoraient. Est-ce là le sentier si cher autrefois à nos rêveries ? Est-ce là le coteau parcouru dans le trouble des premiers espoirs ? Est-ce là le bois qui nous prêtait son ombre et son mystère ? Hélas ! il n'y a que nous de changés, et ce retour sur lequel nous avions compté pour ressaisir un instant la jeunesse n'aura servi qu'à nous con-

vaincre de l'appauvrissement de notre être.
Il n'en fut pas ainsi pour Evrard. Ce soldat
était resté jeune. Rien n'est bon pour la santé
de l'âme comme une douleur qui se res-
pecte ; rien n'est sain comme de s'ensevelir
de bonne heure dans le regret d'un unique
amour. En touchant la terre natale, il lui
fut donné de ressentir dans leur ivresse
amère les émotions qu'il venait y chercher.
C'était un assez pauvre endroit, un des coins
les plus ignorés du centre de la France. Il
revit, il reconnut tout avec des transports
attendris, la place où il jouait tout enfant,
le jardin où plus tard il lisait la Bible et Ho-
mère, les rues dont il avait été si longtemps
le bruit et la fête, l'église dont sa mère dès
ses premiers pas lui avait appris le chemin.
Il y avait au bas de la côte, à l'entrée du

vallon, un sentier qu'il évitait pendant le jour, où il se glissait furtivement après la tombée de la nuit. Qui l'eût suivi aurait pu le voir rôdant comme un malfaiteur autour d'un enclos, tantôt le front collé contre la grille, tantôt assis près du seuil la tête entre ses mains. Tant d'années écoulées avaient fait de lui un étranger dans la contrée : il ne frappa à aucune porte, et ne renoua de relations qu'avec les haies et les vieux murs. Il vécut seul et tout entier dans l'évocation du passé. Au bout de quelques jours il se disposait à partir : une rencontre imprévue le retint et fut cause qu'il demeura bien au delà de son congé.

Il errait à travers champs et parcourait les solitudes qu'il n'avait pas encore explorées depuis son retour, quand il s'arrêta devant une habitation qui rappelait par certains aspects les fermes de Normandie. Ouverte à deux battants, la porte d'une vaste cour plantée comme un verger laissait voir au fond le principal corps de logis, et de chaque côté les bâtiments d'exploitation rurale, à demi cachés par des massifs de fleurs et de verdure. Tout cela, sous un soleil clair, au milieu d'un site riant, respirait une vie occupée, abondante et facile, avec une recherche dans l'aisance que n'ont pas les plus riches fermes normandes. Quoique cette demeure ne ressemblât guère à ce qu'elle était autrefois, Evrard cependant la reconnut presque aussitôt : c'était la ferme des Aubiers, et en même temps il retrouva dans sa mémoire un des épisodes les plus gais, les plus charmants de sa jeunesse. Après toute une semaine donnée à l'élégie, ce souvenir éclata dans son cœur comme une vive sérénade.

Il avait vingt ans. Il était en chasse et battait la lande et le chaume par un de ces jolis matins qui semblent faits pour la vingtième année. Il allait tête haute, humant l'air, fier et léger sous son carnier déjà gonflé de poil et de plume. Comme il passait devant les Aubiers, la ferme était toute rustique alors, il s'était arrêté pour jouir du coup d'œil qu'offrait en ce moment l'intérieur de la cour. Il y avait là, rangés sur deux files, une douzaine de couples villageois, les hommes en habits de fête, les femmes dans tous leurs atours. Evrard avait pensé d'abord qu'il s'agissait d'une noce ; mais, en y regardant de plus près, il comprit que la noce remontait au moins à neuf mois : en effet, il était question d'un baptême. Le cortége, pour se mettre en marche, n'attendait plus que le parrain. Or, ce n'était pas un parrain de peu que le parrain qu'on attendait : c'était le baron Tancrède-Achille-Hector-Landry de Champignolles, la fleur des hobereaux du pays. Oui, le baron de Champignolles lui-même, avec la bonté familière dont ses ancêtres avaient usé de tout temps avec leurs vassaux, consentait à tenir sur les fonts baptismaux le fils de Sylvain Cordöan, son fermier, et, afin que l'honneur fût complet, il avait daigné accepter pour commère une simple pâquerette des prés, la tante du nouveau-né. Cependant il y avait bien deux heures qu'on attendait sur pied ; le curé avait déjà dépêché par trois fois son bedeau à la ferme, et une sourde inquiétude commençait à s'emparer de l'assistance, lorsqu'une estafette se précipita dans la cour, au milieu d'un désarroi général que sa face effarée ne justifiait que trop. La nouvelle qu'elle apportait n'était pas faite pour calmer les esprits : la veille au soir, on avait ramené de la ville M. le baron ivre-mort, et quand on était entré le matin dans sa chambre, M. le baron n'était plus ivre, mais il était tout à fait mort. Plus de baron ! les rangs s'étaient rompus, la commère trempait de ses larmes les longs rubans de son corsage, maître Cordöan s'arrachait les cheveux ; la nourrice, qui avait compté sur la magnificence d'un parrain si huppé, jetait des cris perçants, et, réveillé par ce vacarme, le poupon, comme s'il eût compris qu'il était condamné à ne s'appeler ni Tancrède, ni Achille, ni Hector, ni même Landry, poussait sous ses langes des vagissements lamentables. Et que faire ? Où chercher, où prendre un parrain de rechange ? Le temps pressait, il n'y avait plus une minute à perdre. M. le curé, qui n'avait pas déjeuné, se fâchait tout rouge ; le bedeau courroucé parlait des foudres de l'Église. Les choses en étaient là quand le jeune homme qui, du pas de la porte, avait assisté à toute cette scène, s'avança comme un dieu sauveur, comme un parrain tombé du ciel.

— Je ne suis pas baron, dit-il au fermier ; mon père s'appelait Evrard, saint Paul est mon patron. Sans être un saint comme lui, je passe pour un assez bon diable, et je réponds qu'en grandissant mon filleul aurait en moi un parrain dévoué et un brave ami. Si je vous agrée, touchez-là.—Et il tendait sa main à Cordöan qui, on peut le croire, ne se fit pas prier pour la serrer entre les siennes. Il avait si bon air dans son vêtement de velours, sous son chapeau de feutre gris, avec sa cravate nouée négligemment, toute sa personne respirait tant de franchise et de loyauté, tant de belle humeur et de bonne grâce, qu'avant même qu'il eût parlé il avait gagné tous les cœurs. On devine sans peine quel succès obtint son petit discours. Les rangs se reformèrent aux cris de vive M. Paul ! et, quelques instants après, le cortége, nourrice et poupon en tête, s'acheminait enfin le longs des haies vers l'église de la commune. On songeait au baron tout autant que s'il n'eût jamais existé ; la commère ne se sentait pas d'aise en se voyant au bras de ce jeune et gentil cavalier. La cérémonie achevée, on revint aux Aubiers, d'où s'exhalaient des odeurs de gala qui ne gâtaient rien aux senteurs de l'automne. Evrard avait pensé à tout : il avait vidé son carnier dans le tablier de la servante, envoyé quérir à la ville dragées, friandises et vieux vins. Le gai repas sous les ormeaux ! Et, comme on se levait de table, alors qu'on devait supposer la fête terminée, voici toute la jeunesse du village qui fait irruption dans la cour, aux sons des vielles et des cornemuses, au bruit des détonations qui retentissent en signes de réjouissance, et bourrées de se mettre en branle : c'était encore une surprise ménagée par le jeune parrain. La lune était haut dans le ciel quand Paul prit congé de ses hôtes : il s'en alla comblé de bénédictions, rentra chez lui le cœur content, et put se dire, en s'endormant, qu'il n'avait pas perdu sa journée.

Cinq ans après, il partait pour l'Afrique. Pendant ces cinq années, il était retourné souvent à la ferme, où on l'adorait, c'est le mot. Le fait est que tout avait prospéré dans cette demeure depuis le jour où il y était entré pour la première fois; il semble que la jeunesse porte partout le bonheur avec elle. Intelligent, actif, entreprenant, maître Cordöan était en passe de devenir un des riches cultivateurs de la contrée. Il avait un moulin au bord de la rivière; déjà les Aubiers lui appartenaient. Le petit Paul poussait à vue d'œil, et, comme son parrain n'arrivait jamais que les poches bourrées de gimblettes, il s'était pris pour lui d'une tendresse passionnée. Lorsque Evrard, à la veille de son départ, était venu pour dire adieu, le fermier et sa femme l'avaient embrassé en pleurant, et le petit s'était si bien cramponné à ses jambes, qu'on avait eu beaucoup de peine à l'en détacher.

Il en est des premières impressions de la jeunesse comme des enchantements de l'aube : elles sont de courte durée. Evrard n'avait pas complétement oublié les Cordöan, mais ces souvenirs, refroidis peu à peu, s'étaient engourdis au fond de sa mémoire ; l'air natal ne les avait pas ranimés, et ce fut seulement à la vue d'une ferme isolée au bord du chemin qu'il les sentit se réveiller et revivre dans leur grâce et dans leur fraîcheur. Ainsi parfois il suffit du parfum d'une fleur, d'un jeu de la lumière, d'un accent de la brise, pour évoquer en nous tout un monde enseveli. Certes un filleul qu'on a laissé presque au berceau, et qu'on n'a pas revu depuis vingt ans ne saurait vous tenir aux entrailles par des racines bien profondes. Toutefois, en se rappelant les témoignages d'affection et de gratitude qu'il avait reçus sous ce toit, Evrard n'avait pu se défendre d'un mouvement de confusion. Que s'était-il passé là pendant son absence? Qu'étaient devenus les hôtes qui l'avaient si tendrement aimé ? Bien que ce fût s'y prendre un peu tard, il voulut en avoir le cœur net. Il traversa la cour déserte et entra dans le corps de logis. Après avoir frappé inutilement à deux ou trois portes, il en ouvrit une, et ne fut pas médiocrement surpris en pénétrant dans une vaste pièce dont l'ameublement et la décoration n'auraient pas déparé le salon d'un château.

C'était bien aussi un salon, mais qui servait en même temps d'atelier et de cabinet de travail. Ici un chevalet supportant un paysage ébauché, là une table chargée d'esquisses et de dessins, de brochures et de journaux ; sur les meubles, dans les encoignures, des bronzes et des objets d'art ; aux lambris, des tableaux et des panoplies ; partout des livres richement reliés. Evidemment l'habitation avait changé de maîtres. Il allait se retirer lorsque soudain l'étonnement chez lui fit place à la stupeur : son regard venait de s'arrêter sur un portrait représentant un officier en tenue de campagne, et il se reconnaissait dans cette peinture, c'était son portrait. Evrard pensait rêver : il n'avait de sa vie posé devant un peintre. Et pourtant c'étaient bien ses traits, c'était sa mâle figure bronzée par le hâle africain, c'était l'uniforme de son régiment, c'était lui enfin, c'était lui tout entier. L'entrée d'un grand et beau jeune homme en costume de chasse le tira brusquement de la contemplation où il était plongé. Le colonel fit vers lui quelques pas ; mais, comme il ouvrait la bouche pour s'excuser et pour expliquer sa présence, le jeune homme lui sauta au cou en s'écriant : Vous voici, mon parrain! et il le serrait dans ses bras.

Quelques instants après, Evrard était au courant des révolutions accomplies à la ferme depuis son départ. Sylvain Cordoan, quoique honnête homme, avait réussi dans toutes ses entreprises : à force de s'arrondir, il était devenu naturellement un gros personnage. Paul avait été élevé en fils de famille;

ses études achevées, il avait fait son droit. Maître à vingt et un ans de sa destinée et de son patrimoine, que représentaient vingt mille livres de rente en biens-fonds, il avait continué de vivre à Paris, voyant un peu le monde, passant en revue toutes les carrières et n'en trouvant aucune à son gré ; tour à tour attiré par les lettres et par les arts, et ne sachant à quoi se résoudre. Il s'était dit enfin que sa place était dans son domaine, et depuis plus d'un an il vivait aux Aubiers, cultivant ses champs et rendant à la terre ce qu'elle lui donnait. Les lettres et les arts, qui l'avaient suivi dans sa retraite, étaient le délassement de ses travaux et le plus doux de ses loisirs.

— Et maintenant, dit le colonel, chez qui la curiosité n'était pas encore pleinement satisfaite, comment se fait-il qu'en me voyant tu aies deviné que j'étais ton parrain?

— Je vous ai reconnu, répondit Paul; grâce à la ressemblance du portrait que voici, ce n'était pas bien difficile.

— Mais ce portrait, puisque décidément c'est le mien, qui l'a fait? d'où vient-il?

— Après l'affaire où vous aviez gagné vos épaulettes de capitaine, tous les journaux illustrés de Paris ont publié votre portrait encadré dans le récit de votre beau fait d'armes. Je les avais recueillis, je les gardais comme des reliques : dès que j'ai su manier la brosse, je m'en suis inspiré pour peindre votre image, et il me semble que je n'ai pas trop mal réussi.

— Je n'étais donc pas oublié ici ? On t'avait donc parlé de moi ?

— Oublié, vous, oublié aux Aubiers ! J'ai été élevé dans le culte de votre souvenir. Ma mère ne me parlait de vous qu'avec amour, vous étiez resté son idole. Mon père ne se lassait pas de répéter que le bonheur était entré en même temps que vous dans sa maison ; c'est à vous qu'il rapportait toutes nos prospérités. Oublié, mon parrain ! Vous n'avez pas été un seul jour absent de nos cœurs. Le soir, à la veillée, votre nom revenait dans tous les entretiens. Nous avions pour voisin de campagne un ancien officier en retraite qui recevait *le Moniteur de l'armée;* nous vous avons suivi pas à pas; il n'est aucune de vos promotions que nous n'ayons fêtée en famille. Au collége, vous étiez mon héros. Que de fois j'ai voulu vous écrire ! Combien de lettres commencées et que je n'achevais pas ! Vous n'aviez jamais donné de vos nouvelles. Je n'étais qu'un enfant quand vous m'aviez quitté, et je me disais que quelques mois avaient suffi pour m'effacer de votre vie. Je me trompais donc, puisque après tant d'années vous avez retrouvé le chemin de la ferme; je me trompais, puisque vous voici, puisque je tiens vos mains dans les miennes.

Tout cela était bien doux sans doute; mais Evrard ne laissait pas d'en être un peu troublé. Qu'avait-il fait pour mériter un souvenir si constant, un attachement si fidèle ? Il avait dit, le jour du baptême, que son filleul, en grandissant, aurait en lui un ami, et c'était le filleul qui avait pris le rôle du parrain et tenu ses engagements. Les dons heureux, les qualités aimables ou sérieuses qu'il découvrait chez ce jeune homme ajoutaient encore à ses regrets, je dirais presque à ses remords : il s'accusait d'ingratitude et ne prévoyait pas qu'il s'acquitterait en un jour. Il devait partir le lendemain, et n'avait que quelques heures à passer aux Aubiers : il les employa à visiter l'habitation et le domaine, où tout était nouveau pour lui. Du côté de la cour, avec son toit de tuiles moussues et ses palissades de rosiers grimpants, l'habitation avait encore quelque chose d'agreste qui rappelait son origine. Vue du jardin, avec les deux pavillons en retour élevés récemment, elle avait l'air d'un petit castel. A l'intérieur, il ne restait plus trace de la ferme, sinon quelques vieux meubles conservés par piété filiale. Tout s'y ressentait d'un goût délicat, tout y témoignait d'une existence élégante et simple à la fois. Le domaine était florissant, la terre en plein rapport, le paysan bien traité, sainement abrité, car Paul tenait à grand honneur d'améliorer autour de lui la condition d'où il était sorti. A l'exemple de presque tous les hommes supérieurs qui ont fait la guerre en Afrique, Evrard réunissait en lui un soldat et un agriculteur : il ouvrit plus d'un bon avis. L'agriculture n'était pas d'ailleurs l'unique sujet de leur conversation. Ils s'entretenaient de mille choses, ainsi qu'il arrive entre amis qui, n'ayant que peu de temps à demeurer ensemble, se hâtent d'épancher leurs sentiments et de se communiquer leurs pensées. Paul reconnaissait dans son parrain l'homme qu'il avait appris à chérir, tandis qu'Evrard retrouvait dans son filleul l'image de sa jeunesse,

Le soir était venu. Ils avaient dîné, et ils étaient encore à table, assis en face l'un de l'autre et causant. Le soleil avait disparu, le couchant s'éteignait; la lune, ronde et resplendissante, montait dans le ciel à l'autre bout de l'horizon. Le moment des adieux approchait. Paul était triste, Evrard lui-même paraissait ému. Ce n'est pas le temps qui crée les amitiés; les plus soudaines sont souvent les meilleurs et les plus durables,

— Voilà une bonne journée que je n'oublierai pas, dit Evrard. Je pars avec le regret de te quitter si tôt, mais content de toi, mon cher Paul. Tes parents étaient d'excellentes âmes, et je te tiens pour leur digne fils. En te décidant à vivre sur ton domaine, tu as montré un bon sens bien rare, une modestie bien touchante ; c'est ainsi que devraient en user tous ceux que la terre a comblés de ses dons. La terre ne demande pas seulement des bras pour la servir ; elle a besoin aussi, elle a besoin surtout de cœurs fidèles et reconnaissants. Laisse-moi maintenant te donner un dernier conseil. L'homme n'est pas fait pour vivre seul, le bonheur n'a de prix qu'à la condition d'être partagé. Puisque tu te sens les passions assez modérées pour t'accommoder d'une existence égale, simple et laborieuse, il faut te marier, il faut, sans trop attendre, chercher dans la famille le complément de ta destinée. Dieu bénit rarement une maison sans femme et sans enfants, et le travail même, sans l'amour et le dévouement, compte à ses yeux pour peu de chose. Marie toi, mon ami ; cherche une brave créature qui soit la joie de ton foyer, une fille honnête et modeste, unissant la grâce et la bonté, une compagne enfin..

Il n'acheva pas. Paul avait caché sa figure dans ses mains, et des sanglots à grand'peine étouffés gonflaient et soulevaient sa poitrine. Jusque-là, maître de lui-même, il avait offert à son hôte un visage heureux et souriant ; mais Evrard, sans s'en douter, venait d'appuyer sur une blessure encore saignante, et le pauvre enfant, vaincu par la douleur, épuisé déjà par toute une journée de contrainte, s'était oublié et trahi. A ce spectacle inattendu, le colonel s'était levé. Il avait pris Paul entre ses bras, et il l'interrogeait avec la tendresse d'un père.

— Qu'as-tu ? J'aurai touché, sans le savoir, à quelque point douloureux de ton cœur. Tu as donc du chagrin ?... Pourquoi ne m'en as-tu rien dit ? Parle, que dois-je faire ? Je peux disposer de quelques jours encore ; veux-tu que je les passe avec toi ? Ma présence ne te guérira pas ; elle te soulagera peut-être.

— Non, non, partez ! s'écria Paul ne se contenant plus. Partez, mais emmenez-moi avec vous ! Arrachez-moi d'ici, ne m'abandonnez pas à moi-même, ne me laissez pas mourir de tristesse et de désespoir !

— Calme-toi, dit Evrard, qui lui tenait la tête dans ses mains et la pressait contre sa poitrine. Ce que tu souffres, d'autres l'ont souffert avant toi. Commence par me confier ta peine, et nous déciderons après si tu dois partir ou rester.

— Oui, mon ami, oui, je vous dirai tout.

Et, après s'être apaisé et recueilli, Paul commença le récit suivant :

J'avais quitté Paris et j'étais rentré chez moi sans me douter qu'il y eût à cela de la philosophie. Jamais sacrifice ne coûta moins d'efforts et ne fut accompli plus simplement que celui-là. On a dit, parmi mes amis et mes connaissances, que le dépit, la vanité blessée, peut-être aussi une passion déçue, m'avaient jeté dans la retraite; il n'en était absolument rien. Je comprenais que la médiocrité dans les lettres ou dans les arts est la pire des conditions. Je m'étais bien examiné moi-même, et j'avais congédié mes

chimères avant qu'elles ne prissent congé
de moi. Aucune expérience précoce n'avait
attristé ma jeunesse, le peu que je savais du
monde me permettait de m'en retirer sans
amertume ni regret, mon cœur était libre,
et je me sentais l'esprit sain. Si le bonheur
consiste dans la paix et la sérénité de l'âme,
je pouvais m'estimer heureux. J'étais arrivé
ici sur la fin d'un long et maussade hiver;
j'arrivais à peine que le printemps éclatait
tout à coup comme pour fêter mon retour
et me souhaiter la bienvenue. Nos paysages
manquent en général de grandeur et de
caractère, mais ils ont au renouveau une
incomparable douceur. La joie de me retrouver dans ces campagnes au milieu des
travaux et des occupations pour lesquels
j'étais né, la satisfaction de vivre selon mes

goûts, l'amour du bien, les intentions ferventes dont j'étais animé, que vous dirai-je encore? la splendeur du ciel, la pureté de l'air, l'odeur de la terre fraîchement parée, tout me plongeait dans une ivresse sans cesse renaissante, et je ne désirais, je ne rêvais rien au delà.

Cependant, au bout de quelques semaines, un intérêt inattendu, et que j'aurais été fort embarrassé de définir, s'était glissé peu à peu dans ma vie. Tous les matins, à la même heure, je voyais passer, dans le chemin qui côtoie les Aubiers, une jeune amazone, accompagnée d'un vieux serviteur. Je la vois encore s'avançant entre les haies et les vergers en fleur, avec son petit chapeau de paille d'Italie rehaussé d'un bouquet de plumes, son corsage de cachemire bleu serré à la taille par une ceinture de cuir, et sa jupe flottante de piqué blanc. Elle avait dix-neuf ans au plus, et, malgré le nuage de tristesse répandu sur son frais visage, tel était l'éclat de sa jeunesse, qu'au milieu de la nature en fête elle semblait être elle-même un des enchantements du printemps. Elle revenait le soir par le même sentier, et il était rare que je ne fusse point sur le pas de ma porte à l'heure de son passage. Je la saluais avec respect, elle inclinait gracieusement la tête, et les choses en demeuraient là. J'étais presque un étranger dans le pays. J'en étais sorti dès l'âge de douze ans, et n'y étais revenu qu'à longs intervalles ; j'avais oublié jusqu'au nom de mes voisins. Sans arrière-pensée, sans y attacher la moindre importance, uniquement par curiosité, je voulus savoir qui était cette belle personne, et j'appris que c'était mademoiselle Marthe de Champheu ; sa famille habitait à peu de distance de mon domaine. Elle se rendait ainsi chaque jour au petit château des Granges, près de mademoiselle Thérèse de La Varenne, son amie, jeune fille charmante elle aussi, disait-on, et dont la santé, fatalement atteinte, donnait les plus sérieuses inquiétudes. Elle restait jusqu'au soir au chevet de sa chère malade et rentrait chez ses parents à la nuit. Je m'étais fait, à mon insu, une habitude de la voir : j'avais fini par m'associer aux préoccupations de son cœur. Du plus loin que je l'apercevais, j'interrogeais avec anxiété son attitude et sa physionomie, je m'attristais ou me réjouissais selon qu'elle paraissait plus ou moins triste que la veille. A la longue, une espèce d'entente silencieuse s'était établie entre nous. Elle avait deviné sans doute que j'étais instruit de ses angoisses, que je les partageais, et en passant elle me jetait dans un demi-sourire ou dans un regard de détresse le bulletin de la journée. Il n'y avait dans tout cela rien qui ressemblât à une aventure; eh bien! le croirez-vous? ces incidents si simples s'étaient emparés de mon existence et la remplissaient tout entière. Je m'intéressais à mademoiselle de la Varenne comme si je la connaissais : je l'aurais connue que je n'eusse pas ressenti pour elle une pitié plus tendre, une sympathie plus ardente. Je ne pensais qu'aux deux amies. je les retrouvais jusque dans mes rêves, et, chose étrange, dans mes rêves comme dans ma pensée, je n'arrivais jamais à les séparer l'une de l'autre, elles étaient toujours ensemble ; quand l'image de mademoiselle de Champlieu m'apparaissait éblouissante de grâce et de fraîcheur, presque aussitôt une figure pâle et languissante venait se placer auprès d'elle.

Vers la fin de mai, par une tiède après-midi, je travaillais à l'atelier pour essayer de me distraire. Depuis quelques jours, mademoiselle Marthe n'était pas revenue des Granges, de sinistres pressentiments m'agitaient. Tout à coup j'entendis un bruit sec, argentin, qui éclatait à intervalles rapprochés, réguliers, et semblait cheminer à travers les campagnes. Il y avait bien longtemps que ce bruit n'avait frappé mon oreille, et pourtant je le reconnus : mon cœur se serra. J'étais déjà sur la lisière du chemin, et, pendant que les oiseaux chantaient à plein gosier dans les buissons, je voyais défiler une longue procession d'hommes, de femmes et de jeunes filles, précédée de deux enfants de chœur, l'un portant la croix, l'autre la sonnette, et d'un prêtre en surplis qui marchait sous un dais, les saintes huiles entre ses mains.

— Où donc allez-vous ? demandai-je à une pauvre infirme qui venait la dernière.

— Aux Granges, me répondit-elle.

Je m'étais joint machinalement au cortége, et après deux heures de marche, sans que j'eusse songé à me rendre compte du sentiment qui m'entraînait, je traversais la cour d'un manoir, je montais un escalier de pierre, je pénétrais avec la foule dans une vaste chambre imprégnée de vapeurs d'éther, et qu'un demi-jour éclairait à peine. Toutes les persiennes étaient fermées, toutes les fenêtres ouvertes. La foule, en entrant, s'était agenouillée. J'étais debout près de la porte, et à la lueur de deux flambeaux qui brûlaient au fond de la salle, j'apercevais un lit étroit et sans rideaux, d'une simplicité claustrale. L'oreiller affaissé servait comme de nid à une figure d'un blanc mat. Les paupières étaient mi-closes, les lèvres presque souriantes, les traits d'une pureté que n'avait point altérée la souffrance, et d'une suavité, d'une délicatesse enfantines. Les cheveux, séparés de chaque côté de la tête, descendaient sur les couvertures en deux tresses brunes et lourdes ; les bras hors du lit, les mains jointes. Une femme, la mère, se tenait au chevet, muette, morne, les yeux taris. Mademoiselle de Champlieu était auprès d'elle, le visage défait et noyé de larmes. J'assistais à cette scène comme dans un rêve, et je ne fus saisi par la réalité qu'à la vue du prêtre qui se penchait sur la mourante. Quoi ! cette enfant allait mourir ! Dieu juste, pourquoi cette rigueur ? Que vous avait-elle fait, et que pouvait avoir à réparer l'onction suprême qu'elle allait recevoir ? Quelles paroles mauvaises avaient pu sortir de sa bouche ? Quelles pensées coupables avaient pu soulever sa poitrine ? Où donc ses pauvres petits pieds avaient-ils pu la conduire ? J'étais tombé à genoux, et, dans l'élancement d'une foi soudaine, je demandais à Dieu de laisser vivre cet être inoffensif et doux. J'offrais pour sa rançon tous les biens que je possédais, toutes les joies et tous les bonheurs que je pouvais me promettre ici-bas. Je priai longtemps avec ferveur. Quand je me relevai, le prêtre avait déjà quitté la chambre, et l'assistance s'écoulait silencieusement sur ses pas.

La nuit tombait, j'errais encore autour des Granges. Que faisais-je là? qu'attendais-je? Un charme invincible me retenait au seuil de cette habitation désolée. Je prêtais l'oreille à tous les bruits; je suivais d'un œil éperdu les allées et venues des domestiques; chaque évolution de lumière dans les appartements m'apportait un redoublement de terreur ou une espérance. Il y avait des intants où il me semblait que ma prière était montée jusqu'à Dieu, que le pacte offert était accepté, des instants où je me disais que cette enfant ne pouvait pas, ne devait pas mourir.

J'avais repris le chemin des Aubiers. Tout près de ma demeure, mademoiselle de Champlieu, qui venait derrière moi, arrêta sa monture en me reconnaissant dans l'ombre.

— Eh bien ? Mademoiselle, eh bien ?... m'écriai je d'une voix tremblante.

— Eh bien ! Monsieur, répliqua-t-elle avec calme, tout espoir n'est pas perdu, la crise si longtemps attendue et qui peut la sauver est enfin arrivée. Le ciel fera le reste. Vous êtes venu joindre vos prières aux nôtres, je vous en remercie.

En achevant ces mots, elle me tendait sa main, que je saisis et que je pressai sur mes lèvres. Elle s'éloigna, et le bruit des pas s'effaçait dans le lointain, que j'étais encore à la même place.

J'apprenais, à quelques jours de là, que mademoiselle de La Varenne était hors de danger. Mademoiselle Marthe, installée aux Granges pour tout le temps de la convalescence, ne passait plus dans le chemin. Je tombai dès lors dans un mortel ennui. Je n'avais goût à rien, je sortais sans but, je rentrais sans motif, je pleurais sans savoir pourquoi. Je ne pouvais attribuer qu'à mademoiselle de Champlieu cet étrange état de mon cœur, et pourtant ce que je ressentais était si vague, si confus, que je n'aurais su dire si véritablement je l'aimais. Qu'elle était déjà loin de moi l'ivresse du retour dont je vous parlais il n'y a qu'un instant! Les biens, les joies faciles que j'avais sous la main ne m'inspiraient plus qu'un sentiment de pitié dédaigneuse. Je découvrais que j'avais pris pour le bonheur ce qui n'en est que l'accompagnement. Ma maison était vide, les champs étaient déserts, la solitude m'écrasait.

Je vivais ainsi depuis quelques mois. Je savais que mademoiselle Thérèse était entièrement rétablie ; je n'avais pas revu mademoiselle Marthe, et je songeais à voyager. Un jour, si cher qu'il m'ait coûté, que ce jour reste à jamais béni, à jamais consacré dans ma mémoire ! j'étais à l'atelier. L'été touchait à sa fin, mais la saison était chaude encore, et d'une magnificence qui achevait de m'accabler. Je m'étais assoupi sur un divan ; je fus réveillé par le grondement du tonnerre. Un orage qui s'était formé en

moins d'une heure allait fondre sur la vallée.
Déjà la pluie tombait à larges gouttes, quand
j'entendis comme un vol de colombes effa-
rouchées qui se seraient abattues sur les
marches de mon logis. C'étaient elles, c'é-
taient les deux amies ! Entraînées par les
hasards de la promenade ou conduites plutôt par une pensée charitable, car leur domestique portait un paquet de hardes sous
son bras, elles s'étaient éloignées des Granges, avaient poussé jusqu'en mes parages,
et, surprises par le grain en rase campagne,
elles venaient, bon gré, mal gré, chercher
un refuge aux Aubiers. Vous vous doutez
bien que je ne les laissai pas à la porte. Ce
que j'éprouvai en recevant chez moi ces
deux charmantes filles, l'une dans tout l'é-
clat de sa blonde et blanche beauté, l'autre

délicate. très frêle, d'une grâce timide et voilée, tâchez de vous l'imaginer. Elles étaient mises exactement l'une comme l'autre : une robe de foulard gris relevée sur une jupe bleue de même étoffe, le corsage semblable à la jupe, un petit chapeau de feutre gris autour duquel une plume bleue s'enroulait, et cette conformité d'ajustements ajoutait je ne sais quoi à l'attrait de chacune d'elles. Je n'eus pas grand'peine à les apprivoiser; elles avaient toutes deux le chaste abandon de l'innocence que rien n'embarrasse, et Marthe de Champdieu y joignait la vive gaieté qui s'accommode à tout. De deux ou trois ans plus jeune qu'elle, mademoiselle de La Varenne avait pourtant quelque chose de plus posé et de plus recueilli, soit que cela tînt à son caractère,

soit que le souffle de la mort l'eût rendue
sérieuse avant l'âge. Elle était, en arrivant,
toute pâle et toute transie. J'avais allumé
un feu de sarments, je l'avais fait asseoir
au coin de l'âtre, et, pendant qu'elle se ra-
nimait peu à peu, je ne pouvais détacher
mon regard de cette enfant que j'avais con-
templée au milieu du funèbre appareil de
la dernière heure, et qui était là, sous mon
toit, vivante, ressuscitée. J'épiais avec curiosité ses moindres mouvements, j'avais des
attendrissements, des étonnements voisins
de l'extase, en la voyant ôter ses gants, porter la main à ses cheveux, présenter ses
pieds à la flamme, et lorsqu'elle levait sur
moi ses yeux d'un clair azur, ces yeux que
j'avais vus éteints sous leurs paupières à
demi fermées, j'étais remué jusqu'au fond

de l'âme. Quant à mademoiselle de Champlieu, aussi parfaitement à l'aise que si elle eût été chez son frère, elle avait, de prime saut, pris possession de tout l'appartement. Elle allait, venait, examinait tout, mettait tout sens dessus dessous, retouchait mes croquis, ou, s'emparant de ma palette, jetait dans un paysage que j'avais ébauché la veille des oiseaux, des moutons et des arbres de l'autre monde. Je me demandais si elle était chez moi ou si j'étais chez elle. Je me persuadais par moment que nous étions tous trois chez nous et que nous ne devions plus nous quitter. Ah! la bonne journée! ah! les aimables créatures! Hélas! l'orage s'apaisait déjà; déjà l'odieux soleil montrait sa face entre les nuées. Mademoiselle Marthe, qui ne tenait pas en place, avait profité d'une éclaircie pour descendre au jardin. Je restai seul un instant avec sa compagne, et cet instant décida de ma vie.

Elle était assise, penchée sur un album qu'elle feuilletait d'une main distraite ; j'étais assis près d'elle, et je la regardais en silence. Je la regardais, et il me semblait qu'elle était mon bien, que sa destinée m'appartenait, que c'était à moi que Dieu l'avait rendue, qu'en la laissant vivre il me l'avait donnée. J'ignore comment cela se fit : je fermai l'album qu'elle avait sous les yeux, je l'ôtai doucement d'entre ses mains, et je me mis à raconter tout ce qui s'était passé en moi depuis le jour où j'avais appris que sa vie était en danger, l'intérêt soudain qu'elle m'avait inspiré, l'ardente sympathie que j'avais ressentie pour elle sans la connaître, mes craintes, mes angoisses, la station que j'avais faite aux Granges, les prières que j'avais adressées au ciel, et, à mesure que je parlais, mes perceptions devenaient plus nettes, je démêlais, je discernais enfin les sentiments qui m'avaient troublé jusque-là. Calme, les yeux baissés, elle avait écouté sans m'interrompre une seule fois.

— Je savais tout. Merci ! répondit elle simplement.

En prononçant ces mots, elle avait relevé la tête ; je vis une larme au bord de sa paupière, et je sentis que je l'aimais. Ainsi l'amour qu'une beauté radieuse avait éveillé dans mon cœur s'était à mon insu reporté sur ce cher petit être, et c'était mademoiselle de Champlieu qui se trouvait avoir servi de lien mystérieux entre Thérèse de La Varenne et moi. Oui, je l'aimais, et, l'avouerai-je? je sentais qu'elle m'aimait aussi, je sentais venir à moi sa tendresse irrésistiblement attirée. Nous nous taisions, et je ne sais pas bien ce que j'allais lui dire quand mademoiselle Marthe rentra.

Elle rentrait avec une brassée de fleurs qu'elle jeta sur le divan. S'il n'y en avait pas davantage, ce n'était point sa faute; elle avait passé comme un ouragan dans les corbeilles et les plates-bandes, dévastant, saccageant et faisant main basse sur tout, enchantée d'ailleurs de son expédition et ne regrettant pas sa toilette à moitié perdue. Il s'agissait de débrouiller ce chaos et de donner à ces dépouilles la forme d'un bouquet qu'elles voulaient emporter comme un souvenir des Aubiers. Nous nous mîmes tous trois à l'œuvre, et ce petit travail fut si lestement conduit qu'au bout d'une heure il n'était pas encore terminé. Qui donc a dit que le bonheur est triste, moins près du rire que des larmes? J'étais tout à la fois ivre de bonheur et fou de gaieté. L'enjouement de Marthe avait gagné Thérèse, et la maison retentissait des frais éclats de leurs jolies voix. Elles me passaient les fleurs une à une; ma tâche consistait à les classer et à les réunir en faisceau. Thérèse était d'avis qu'on fît un choix, Marthe était de l'avis contraire, et c'étaient, à propos d'une gueule-de-loup, d'un œillet d'Inde ou d'un pied-d'alouette, des querelles et des rires qui ne finissaient pas. Quel bouquet! il aurait pu servir de pendant à la tapisserie de Pénélope.

A mesure que je l'édifiais d'un côté, je le laissais s'écrouler de l'autre, et, au milieu de ces enfantillages qui me valaient tous les menus profits d'une longue familiarité, elles ne s'apercevaient pas que le ciel s'était éclairci. Tout à coup le soleil qui descendait à l'horizon lança dans l'atelier une traînée de feu, ce fut le signal d'une véritable déroute. — Adieu, monsieur Paul ! au revoir ! au prochain orage ! — Et, pour que rien ne manquât à cette journée, au moment de nous séparer, il fut question de vous entre les deux amies et moi, de vous, oui, colonel. Elles s'étaient arrêtées devant votre portrait.

— C'est mon parrain, c'est un héros d'Afrique, leur dis-je avec orgueil.

— Héros ou non, dit Marthe, si le portrait

est ressemblant, votre parrain doit être un brave homme.

— Et l'on serait heureuse de l'avoir pour ami, ajouta mademoiselle de La Varenne.

Là-dessus elles s'échappèrent ainsi que deux oiseaux qui prennent ensemble leur volée. J'avais fait atteler, je les mis en voiture. Elles partirent, je les suivis des yeux, et elles étaient déjà loin que je voyais encore, à travers les arbres, leurs mouchoirs, qu'elles agitaient en signe de dernier adieu.

Quelques semaines après, j'étais l'hôte assidu, le familier des Granges. La mère de Thérèse m'avait écrit pour me remercier. Elle exprimait en même temps le désir de me voir et de me connaître : je ne m'étais pas fait prier. J'avais été bien accueilli, je ne déplaisais pas, et dès mes premières vi-

sites j'étais établi dans la place. Madame de
La Varenne était veuve. Mariée fort jeune à
un gentilhomme du pays, elle avait tenu
pendant quelques années un assez grand
état à Paris. Après la mort de M. de La
Varenne, qui laissait une fortune singu-
lièrement réduite par la vie de luxe qu'ils
avaient menée, elle s'était retirée forcément
du monde, où elle avait brillé d'un vif éclat.
Elle aurait pu facilement se remarier ; l'expérience qu'elle avait faite l'avait assurée
contre la tentation d'une seconde épreuve.
Voilà ce qu'on disait autour de moi. Elle
vivait à l'aise dans son petit domaine, qu'elle
ne quittait qu'à la fin de l'automne pour
aller passer les plus durs mois de l'hiver
à la ville voisine. C'était une femme encore
belle, avec beaucoup d'agrément dans l'es-

prit et de grâce dans les manières. Les rêves d'ambition qu'elle nourrissait ne me furent révélés que plus tard, et comme par un coup de foudre. J'avais bien deviné chez elle un fonds de scepticisme railleur, la sourde impatience d'une vie silencieuse et bornée ; mais je ne songeais guère à faire des études de caractère. Elle me recevait avec bienveillance, et tel était mon aveuglement, telle était ma simplicité, que je me figurais parfois qu'elle était dans le secret de mes sentiments, qu'elle les approuvait et les encourageait. Les serviteurs eux-mêmes m'avaient pris à gré ; je lisais ma bienvenue sur tous les visages. Enfin, sans avoir échangé aucune confidence, nous étions d'intelligence, mademoiselle de Champlieu et moi ; nos regards s'entendaient, mon bonheur me riait dans ses yeux. Ce qui montre dans tout son jour le bon naturel de ces aimables filles, c'est que ma prédilection pour l'une d'elles, loin de les désunir, comme il serait arrivé fatalement avec deux âmes moins choisies, semblait ajouter encore à leur mutuelle affection. A qui fut-il accordé d'abriter sa jeunesse dans un intérieur plus aimable ? Tout m'était prétexte pour courir au manoir, une brochure, un livre, une plante, des graines que j'apportais. Si les occasions m'avaient manqué, Marthe m'en eût fourni de reste. Enfant gâté des Granges, elle en était la vie. Promenades sur l'eau, excursions en voiture, pêches dans les ruisseaux, pipées au fond des bois, tout se faisait par elle, et rien ne se faisait sans moi. Il y avait au fond du parc une porte qui s'ouvrait sur une pêcherie.

C'est là, au bord d'un étang, que nous allions souvent nous asseoir par les après-midi sereines. Je venais avec mes crayons, elles apportaient leur ouvrage, et nous causions tout en travaillant. Quand le temps était mauvais, je décorais des panneaux, je peignais des dessus de porte, et c'est encore l'adorable Marthe qui avait su me ménager cette occupation pour les jours de pluie, tant son amitié était ingénieuse, fertile en inventions qui avaient pour but de m'attirer et de me retenir! Ainsi je voyais Thérèse fréquemment, et chaque fois que je la voyais, elle me devenait plus chère. Ce petit être poétique et charmant pratiquait déjà le culte du devoir. Elle avait pour la beauté de sa mère une admiration passionnée; elle en était plus fière, elle s'en trouvait plus ornée qu'aucune fille de sa propre beauté, et, comme s'il se fût agi d'une déesse, elle s'appliquait à lui épargner les soins du ménage. Madame de La Varenne se laissait admirer, et Thérèse gouvernait la maison. Elle s'en acquittait sans bruit, et, quoique vigilante, se rendait agréable à tous. Ces soins d'administration domestique n'avaient pas plus amoindri son âme qu'ils n'avaient terni sa jeunesse. Elle en avait retiré une raison précoce, sans y rien laisser de sa grâce et de sa distinction native. Moins enjouée que son amie, elle avait cependant cette sérénité d'humeur qui est l'indice d'une nature bien venue. La modestie de ses désirs répondait à la simplicité de ses mœurs. Elle se plaisait aux champs, où elle avait grandi, et ne souhaitait pas d'en sortir. Elle n'en goûtait pas seulement la poésie contemplative, elle en aimait aussi les travaux. Je l'avais rencontrée, la compagne dont vous me parliez tout à l'heure, et qui eût été la joie de mon foyer ! Nous nous aimions sans nous le dire : nos cœurs n'avaient rien à s'apprendre. Il n'était besoin entre nous ni de serments ni de promesses, et il me semble encore aujourd'hui que nous étions fiancés l'un à l'autre.

Novembre nous avait dispersés. Madame de La Varenne était rentrée en ville, Marthe chez ses parents. Dussiez-vous me prendre en pitié, il faut que vous sachiez jusqu'où pouvaient aller ma candeur et mes illusions. Quand je voyais Thérèse tous les jours, satisfait de vivre auprès d'elle, trop heureux pour me hâter de l'être davantage, je laissais mes projets flotter entre le rêve et l'espérance. Ce fut seulement après son départ que je les arrêtai et les fixai dans mon esprit. Je n'entrevoyais pas d'obstacles, je n'admettais pas qu'il pût en survenir. Je ne doutais de rien, j'avais la foi. Le bonheur était pour moi comme un hôte sur qui je devais compter : j'employai l'hiver à mettre ma maison en état de le recevoir. La ferme était encore à peu près telle que mon père me l'avait transmise. Je m'occupai à l'embellir, je l'accommodai d'après les goûts de l'enfant que j'aimais, avec un peu plus de recherche qu'elle n'en eût désiré peut-être. C'était un nid que j'édifiais : j'y amassai la mousse et le duvet. Ce matin, je vous ai vu sourire devant certaines élégances que vous ne vous attendiez pas à rencontrer sous le toit d'un garçon qui cultive ses terres. Mon ami, vous étiez dans l'appartement de ma femme. Ma femme! je la voyais déjà en possession de son petit royaume. Que de soins, d'amour, de respect autour de cette jeune reine! Déjà les Aubiers fêtaient le premier né, déjà de blondes têtes couraient dans le verger ou s'ébattaient aux clartés de l'âtre. Ah! quel printemps que cet hiver! Tout chantait dans mon cœur. Après avoir transformé le logis, je refis le jardin, je plantai des massifs, je construisis des serres. En même temps je me rendais un compte exact de mon avoir, j'introduisais l'ordre dans mes finances. J'étais Mansard, Le Nôtre et Colbert. J'avais beau grouper ou aligner des chiffres, il s'en fallait de beaucoup que j'arrivasse à l'opulence ; mais mon bien, si modeste qu'il fût, assurait l'aisance à ma famille, et me permettait même d'offrir à madame de La Varenne une existence plus large, plus variée que celle qu'elle menait aux Granges. Ma confiance, en réalité, n'avait rien de déraisonnable. Vers la fin du mois de mars, toutes mes dispositions étaient prises, tous mes arrangements terminés. Je n'étais allé à la ville que rarement, deux ou trois fois au plus. J'avais connu Thérèse, nous nous étions aimés sous le ciel des prairies, et tout bonheur veut rester dans son cadre. J'attendais son retour pour la demander à sa mère. Une semaine encore, et j'allais la revoir, lorsque je reçus un mot de madame de La Varenne qui m'annonçait que ses plans étaient changés ; elle partait pour Paris avec sa fille, et me donnait rendez-vous aux Granges pour les premiers jours de l'été.

Ce départ subit, auquel, il est vrai, j'étais loin de m'attendre, n'avait pas cependant entamé ma sécurité. Je savais que Thérèse avait à Paris des parents qui depuis longtemps désiraient la voir. La résolution de sa mère ne devait donc pas me surprendre. Je laissai, sans trop d'impatience, s'écouler le printemps ; mais, au retour de l'été, quand le délai fixé par madame de La Varenne fut expiré, quand les jours, quand les semaines se succédèrent sans la ramener, un grand trouble s'empara de moi. Que se passait-il ? Thérèse était-elle malade ? Pourquoi ne revenait-elle pas ? Je m'informai au manoir :

on était sans nouvelles. Je pris le parti de m'adresser à mademoiselle de Champlieu. Orpheline dès son bas âge, elle vivait avec de vieux parents qui l'avaient élevée et qui s'étaient chargés de l'administration de ses biens. Ces biens étaient considérables : la terre de Champlieu lui appartenait. Je ne dirai pas qu'elle m'accueillit froidement, mais pendant tout le temps que dura ma visite je crus démêler dans son attitude quelque chose de gêné, de contraint. Il me sembla que ses regards évitaient de rencontrer les miens, et, lorsqu'ils s'attachaient sur moi, c'était avec une expression à laquelle ils ne m'avaient point habitué. Nous n'étions pas seuls, notre entretien dut se borner à un échange de questions et de réponse également banales. Madame de La

Varenne et sa fille se portaient à merveille. Il n'était pas vraisemblable que leur absence se prolongeât encore longtemps. Il y avait tout lieu de penser qu'elles seraient bientôt de retour. Pas un mot d'ailleurs qui eût trait à notre intimité, pas une allusion à notre réunion prochaine. Bref, je me retirai pleinement rassuré sur la santé de Thérèse et plus oppressé pourtant que je ne l'étais en arrivant chez Marthe. Quelques semaines encore s'écoulèrent, je les passai le cœur en proie à une inquiétude dévorante. L'amour qui naguère remplissait ma vie sans l'agiter avait pris insensiblement tous les caractères d'une passion farouche. Ah! malheureux, le bonheur était là, sous ta main! Pourquoi l'avais-tu laissé s'échapper? Que ne t'étais-tu hâté de le saisir? Il y avait des heures où le pressentiment de ma destinée pesait sur moi comme un cauchemar. Parfois je riais de mes terreurs, le plus souvent je les subissais sans essayer de m'y soustraire. J'allais errer du côté des Granges, j'apercevais, aux lueurs du couchant, le perron désert, la façade morne, les persiennes toutes fermées, et je revenais consumé de tristesse.

Un jour enfin, dans la matinée, je vis entrer à l'atelier le jardinier de madame de de La Varenne. Il venait m'annoncer que sa maîtresse était de retour depuis la veille au soir, et qu'elle m'attendait le jour même. Vous avez vu quelquefois les nuées du ciel balayées en un clin d'œil par un coup de vent; il se fit quelque chose d'approchant en moi. Toutes les chimères que je m'étais créées, tous les monstres qu'avait enfantés dans mon cerveau la fièvre de l'attente s'évanouirent en un instant, et je me retrouvai, calme et souriant, en présence de la réalité. Thérèse m'était rendue ! l'empressement de madame de La Varenne à m'appeler, témoignait assez que leurs sentiments m'étaient restés fidèles. Je me souvenais encore des impressions que m'avait laissées ma visite à Champlieu, mais c'était pour me reprocher d'avoir pu leur donner accès dans mon esprit. Toutefois j'avais appris à mes dépens qu'atermoyer le bonheur n'est pas sage, et je partis pour le manoir, bien décidé à profiter de la leçon.

La belle matinée ! que le ciel était pur ! que l'air était frais et léger ! J'allais tantôt pressant le pas, et tantôt le ralentissant pour savourer à loisir les joies dont mon âme était pleine. Je ne rencontrais sur mon passage que des visages heureux, je ne recueillais que de bonnes paroles. Les haies m'envoyaient leurs plus doux parfums, les oiseaux leurs plus gais concerts, les brises leurs haleines les plus caressantes, et au milieu de ces enchantements je sentais mon amour plus sérieux, plus profond qu'autrefois, alors qu'il n'avait point souffert. S'il m'était resté dans la pensée quelque trouble, quelque appréhension, mon arrivée aux Granges aurait suffi pour les dissiper. Je recevais au seuil de cette demeure le même accueil que par le passé. Les serviteurs s'empressaient ; les chiens accouraient et me léchaient les mains. Je reconnaissais, je respirais avec délices des senteurs enivrantes, et que je n'avais respirées que là. Ouverte à deux battants, la porte du vestibule semblait me dire : Entrez, on vous attend. Je montai les degrés du perron, et, sans être annoncé, je pénétrai dans le salon.

Madame de La Varenne s'y trouvait seule. Au bruit que je fis en entrant, elle retourna la tête, se leva vivement, et s'avança vers moi les mains tendues. J'aurais pu croire qu'elle allait m'offrir ce que je venais lui demander.

— Arrivez, arrivez! s'écria-t-elle avec effusion. J'ai une grande nouvelle à vous annoncer, et j'ai voulu que vous fussiez le premier à l'apprendre, tant votre affection pour nous m'est connue, tant je sais l'intérêt que vous nous portez.

Et à brûle-pourpoint, comme si, en se

jouant avec une arme à feu, elle me l'eût déchargée en pleine poitrine, elle me fit part du prochain mariage de sa fille. Un mariage inespéré ! Trois cent mille livres de rente ! Un splendide hôtel à Paris ! un magnifique château sur les bords de la Loire ! Aux champs comme à la ville, un train de maison princier ! Et en perspective les fêtes du monde officiel, un siége au sénat pour son gendre ! Tout cela avait été débité coup sur coup, avec l'animation de la fièvre et la volubilité du délire. Elle ne se possédait pas. J'étais debout, appuyé contre un meuble. La sueur s'amassait à mes tempes ; ma face devait avoir la pâleur de la mort.

— Asseyez-vous donc, me dit-elle.

Et, sans remarquer ma stupeur, sans s'étonner de mon silence, elle se mit à raconter avec une éloquence amère tout ce qu'elle avait dévoré de tristesse et d'ennui au fond de ces campagnes. Toutes ses révoltes, toutes ses vanités, toutes ses convoitises, qui n'avaient eu jusque-là d'autre confident qu'elle-même, toutes les plaies secrètes d'une âme ambitieuse et qui se sent étouffer dans une destinée fermée, elle les mit à nu et les étala sous mes yeux. Elle allait revivre enfin! L'espace se rouvrait devant elle, le monde lui appartenait. Et, s'exaltant de plus en plus, elle dessinait à grands traits le programme de l'existence qu'elle comptait mener désormais. Quant aux qualités morales de son gendre, quant aux chances de félicité que cette union pouvait offrir à sa fille, elle se taisait là-dessus. Elle seule était en scène, c'est d'elle seule qu'il s'agissait. J'étais anéanti, tout s'écroulait autour de moi. Elle ne savait rien, ne se doutait de rien ; je n'avais été pour elle qu'une distraction, une relation de bon voisinage.

— Eh bien ! demanda-t-elle en se tournant vers moi, à quoi donc pensez-vous ? Qu'attendez-vous pour me féliciter ?

— Madame, lui répondis-je, j'attends que vous m'ayez dit si ce mariage, qui vous comble de joie, fait également le bonheur de mademoiselle de La Varenne.

— Oh ! tranquillisez-vous, répliqua-t-elle en souriant. Thérèse, de prime abord, a bien montré quelque résistance. Elle ne s'est pas faite en un jour à l'idée d'un si brusque changement dans sa destinée ; mais cette chère enfant a fini par comprendre que son bonheur est inséparable du mien.

Tout m'était expliqué : Thérèse n'était pas libre, elle cédait à l'obsession, elle s'immolait pour sa mère. J'étais saisi d'indignation autant que de douleur, et je n'aurais pu dire ce qui me bouleversait le plus, de la ruine de mes espérances ou du naïf et monstrueux égoïsme qui se déroulait devant moi.

— Recevez mon compliment, Madame, lui dis-je en me levant, et soyez persuadée que la fortune qui vous arrive me touche encore plus profondément que vous ne pouviez le supposer.

En achevant ces mots, je m'étais dirigé vers la porte.

— Comment! s'écria-t-elle, vous ne nous donnez pas cette journée? Êtes-vous si pressé? Thérèse est à la ville avec Marthe : elles vont rentrer; restez donc!

— Mon Dieu, Madame, je ne puis, répondis-je. Quand j'ai reçu la nouvelle de votre arrivée, je me disposais à partir pour un voyage qui doit me tenir éloigné du pays pendant quelque temps. Pardonnez-moi de vous quitter si tôt.

Tel était son enivrement qu'elle n'avait rien deviné. Elle ne s'était aperçue ni de l'altération de mes traits, ni de la pâleur de mon front, ni du trouble de mon maintien, et ma retraite précipitée, la sécheresse de mon adieu ne la frappaient pas davantage.

— Je compte bien, dit-elle, que vous serez revenu pour le mariage de ma fille.

Je m'inclinai sans rien ajouter, et je sortis.

Quel retour par ces mêmes chemins qui m'avaient vu passer quelques heures auparavant si confiant, si jeune, si heureux! La colère et le désespoir, toutes les pensées, tous les sentiments tumultueux que soulevait en moi la perte de mes rêves, m'avaient pour ainsi dire porté jusqu'aux Aubiers. Je m'accusais de n'avoir pas su défendre mon bonheur : je m'indignais contre ma lâcheté. Je voulais retourner aux Granges, revoir madame de La Varenne, lui déclarer que j'aimais sa fille, que sa fille m'aimait, que Dieu m'avait donné des droits sur elle et qu'on ne me l'arracherait qu'avec la vie; mais, quand j'eus franchi le pas de ma porte, quand je me retrouvai chez moi,... ô ma petite ferme que j'avais embellie avec tant d'amour, dont j'avais cru faire un palais, et qui, le matin encore, étais ma joie et ma richesse, qu'étais-tu devenue? Je ne la reconnaissais plus. Que tout m'y semblait misérable ! que je me sentais moi-même pauvre et déshérité ! Quelle chute soudaine ! quel abaissement de fortune ! Après avoir erré comme une ombre de chambre en chambre, j'étais passé dans l'appartement que je destinais à ma chère Thérèse ; je la vis dans son hôtel à Paris, dans son château sur les bords de la Loire, et je fondis en larmes, j'éclatai en sanglots.....

— Je te plains, dit Evrard quand Paul eut terminé ce récit ; je plains surtout mademoiselle de La Varenne. Toi, tu n'es lié qu'à ta douleur ; mais cette enfant ! c'est sur elle qu'il faut pleurer. Quand ce mariage doit-il se faire ?

— Prochainement. On en parle dans le pays.

— Eh bien ! mon ami, je t'emmène avec moi. Tu ne seras pas le premier qui auras retrouvé là-bas la paix et la santé de l'âme. L'épreuve que tu subis est cruelle ; elle n'est pas de celles qui flétrissent une destinée. On ne s'est pas joué de ta tendresse ; madame de La Varenne ne t'avait rien promis, ce n'est pas sciemment qu'elle a déchiré ton cœur. Ta blessure est saine, le temps la fermera. En route, mon cher Paul ! Fais tes préparatifs, nous partirons demain.

— Non, pas demain ! s'écria Paul. Je ne vous ai pas tout dit. Quinze jours se sont écoulés depuis mon entrevue avec madame de La Varenne. Je devais partir, et je suis resté. Perdre Thérèse sans la revoir était au-dessus de mes forces. Je n'avais d'espoir qu'en mademoiselle de Champlieu. J'ai pu lui parler ce matin. Nous étions seuls. Elle avait pris mes mains ; elle était bien émue. — Allez, m'a-t-elle dit, nous sommes aussi malheureuses, aussi désespérées que vous. Il n'a pas dépendu de moi que madame de La Varenne ne sût tout. Thérèse m'a scellé les lèvres ; elle s'immole tout entière, et n'admet pas que son sacrifice coûte même un regret à sa mère. Que faites-vous ici ? a-t-elle ajouté d'un ton de douceur et d'autorité. Je vous croyais parti. Il faut que vous vous éloigniez. Il le faut pour vous et pour elle. — Je ne partirai pas avant de l'avoir revue, me suis-je écrié. Il y a des choses que je ne lui ai jamais dites, et qu'il est impossible que je ne lui dise pas au moins une fois. Je veux lui dire que je l'aime, que je perds tout en la perdant, qu'elle était mon âme et ma vie. Vous êtes bonne. Ne rejetez pas ma prière, ayez pitié de ma détresse! Demain, à la chute du jour, je serai au bord de la pêcherie. Venez avec elle, conduisez-la vers moi, et je vous devrai mon dernier bonheur, je m'en irai en vous bénissant. — Et, sans attendre sa réponse, je l'ai laissée, je me suis enfui.

— Et tu crois que ces deux jeunes filles?...

— Je le crois, je l'espère.

— Moi, dit Evrard, je ne le crois pas, j'en suis sûr. Ainsi, ajouta-t-il à mi-voix et se parlant à lui-même, c'est à la pêcherie qu'ils vont se dire adieu, se voir pour la dernière fois,... à la pêcherie, au soleil couchant, sous les saules!

Et il tomba dans une profonde rêverie que son hôte n'osa pas troubler. Ils se quittaient quelques minutes après en se donnant rendez-vous pour le surlendemain, et, malgré l'heure avancée, malgré les instances de Paul, qui le pressait de rester aux Aubiers, le colonel reprenait tout pensif le chemin de la villa.

Le lendemain, dans l'après-midi, il se passait au manoir une scène dont un peintre de genre aurait pu s'inspirer. Le trousseau de Thérèse venait d'arriver, et madame de La Varenne s'occupait avec Marthe à vider les caisses apportées au salon. La châtelaine s'était piquée d'honneur, c'était un trousseau de princesse. Thérèse regardait d'un air résigné les fins tissus et les dentelles que sa mère étalait sous ses yeux, et de temps en temps sa figure s'éclairait d'un pâle sourire, grâce à Marthe, qui, par ses propos et ses gentillesses, réussissait parfois à l'égayer un peu. Madame de La Varenne était ce jour-là plus radieuse encore que la veille. Elle avait reçu dans la matinée une lettre par laquelle le phénix des gendres s'annonçait pour la fin de la semaine, et, bien qu'elle le considérât comme une prise qui ne pouvait lui échapper, elle n'était pas fâchée de toucher au moment qui devait mettre en cage un oiseau si précieux. Dans sa joie, elle n'avait plus que vingt ans. Thérèse se sentait payée de son sacrifice en la voyant si jeune, si triomphante, si belle, et c'est à peine si la pauvre petite se permettait une plainte au fond de son cœur. Les caisses, les cartons n'avaient encore livré qu'une partie de leurs trésors, quand la porte du salon s'entr'ouvrit et laissa se glisser la tête du jardinier.

— Entrez, Léonard, entrez, qu'y a-t-il ?

— Il y a, madame, répondit Léonard entrant à pas de loup, il y a que, vu l'état de goutte du garde champêtre, qui ne peut plus remuer ni pied ni patte, je viens nonobstant demander à Madame s'il convient à Madame d'envoyer chercher la gendarmerie.

— C'est une idée, dit Marthe, envoyons chercher la gendarmerie.

— Et pourquoi faire, bonté divine ?

— Pour empoigner, sauf le respect que je dois à Madame et à toute la compagnie pareillement, un malfaiteur qui rôde depuis plus de deux heures dans le parc, et qui n'a pas la mine de vouloir s'en aller sans avoir fait quelque mauvais coup.

— Quels ragots nous faites-vous là ? un malfaiteur ici, dans ce pays ?

— Pardon, excuse, ce n'est pas un physique appartenant à la localité.

— Eh bien ! d'où vient il ? que veut-il ? Vous lui avez parlé ?

— Pas absolument, mais je l'ai suivi... de loin, en me cachant derrière les arbres.

— Enfin, dit Marthe, vous l'avez vu, comment est-il fait ?

— Mon Dieu, Mademoiselle, ce n'est point que, de sa personne, il soit ostensiblement mal fait. D'aucuns même pourraient trouver que c'est un grand bel homme proprement vêtu ; mais il vous a une figure ! avec ses moustaches et sa peau enfumée, c'est comme qui dirait une tête de mahométan. Ce n'est pas, mon Dieu, que, de sa figure, il soit finalement repoussant; mais des airs ! mais des façons ! Il va de ci, il vient de là, il marche sur les pelouses, il flanque des coups de canne aux branches, il s'approche sournoisement de la maison, il la regarde, et après qu'il l'a regardée, il rentre dans le parc vivement comme une couleuvre... Je demande à Madame si c'est là les allures d'un chrétien bien intentionné. Sans compter que personne ne l'a vu passer par la grille, et qu'il n'a pu s'introduire chez nous que par escalade. Et par dessus tout, ajouta Léonard en baissant la voix, le petit Pierrot qui était avec moi pour me soutenir en cas d'attaque... Je n'oserai jamais dire ça à Madame.

— Osez, mon garçon, osez.

—Eh bien ! madame, le petit Pierrot, qui n'est pas un âne comme chacun sait, assure que c'est le même qu'une espèce de loup-garou qu'il voit depuis quelque temps tourner le soir autour de l'enclos. Faut-il que j'aille chercher les gendarmes ?

— Non, dit Marthe, ce malfaiteur me plaît. S'il rôde depuis plus de deux heures dans le parc, il doit être un peu fatigué : allons l'arrêter nous-mêmes et lui offrir de se reposer ici.

—Ce n'est pas la peine de vous déranger, s'écria Léonard : le voici.

A ce moment, un étranger débouchait du parc sur la terrasse et se dirigeait vers l'habitation. Les trois femmes, pour le voir venir, s'étaient mises à la fenêtre, tandis que le vaillant Léonard s'esquivait discrète-

ment et, pour plus de sûreté, retournait à
ses plates-bandes.

— C'est qu'en vérité il a tout à fait bon
air, ce malfaiteur, dit mademoiselle de
Champlieu. Regarde donc, Thérèse ! Ne te
semble-t-il pas que nous avons déjà vu cette
figure-là quelque part ?

— En effet, dit Thérèse.

— C'est singulier, dit à son tour madame
de La Varenne : où donc ai je déjà vu cette
figure ?

Il avait franchi les marches du perron.
Après avoir attendu vainement quelqu'un
qui l'annonçât, il entra au salon, dont la
porte était restée entr'ouverte, et s'avança
gravement vers madame de La Varenne,
qui avait fait vers lui quelques pas. Rien
que sa façon de se présenter aurait suffi

pour dissiper toute espèce de préventions.

— Vous ne me reconnaissez pas, Madame?

A ce timbre de voix que les années n'avaient point altéré, madame de La Varenne avait tressailli : elle attachait sur l'étranger un regard curieux, hésitant.

— Vous ne me reconnaissez pas, reprit-il, et peut-être avez-vous oublié jusqu'à mon nom.

Il allait se nommer. — Evrard! s'écria-t-elle avec une explosion de joyeuse surprise. Comment, c'est vous! c'est vous, mon cher Paul! Mais embrassez-moi donc, appelez-moi Julie comme autrefois. Ne suis-je plus votre amie d'enfance, votre compagne de jeunesse? Et moi qui ne vous ai pas reconnu tout de suite! C'est que vous êtes changé, savez-vous? Aussi quelle idée d'aller faire la guerre aux Arabes ! Je n'espérais plus vous revoir. Combien y a-t-il de temps que vous avez quitté le pays ?

— Vingt années aujourd'hui, Julie.

— Vingt années ! déjà ! Vous en êtes sûr ?

— Oh ! très-sûr, je les ai comptées.

Pendant qu'ils causaient, pendant qu'Evrard racontait en peu de mots qu'un devoir impérieux l'ayant obligé de venir en France, il n'avait pu résister au désir de revoir un instant son lieu natal et les amis qu'il y avait laissés, Thérèse et Marthe, retirées toutes deux dans une embrasure de fenêtre, reconnaissaient le parrain de Paul, le héros d'Afrique dont elles avaient vu le portrait aux Aubiers. Chacune d'elles se demandait si la présence de cet hôte inattendu n'allait pas changer le cours des événements, s'il n'y avait pas dans son arrivée quelque chose de providentiel, et, sans se communiquer leurs pensées, toutes deux contemplaient en silence ce mâle et beau visage comme s'il leur promettait un sauveur.

— Ma fille, dit madame de La Varenne en présentant Thérèse.

— Voulez-vous que je sois votre ami, Mademoiselle? demanda Evrard avec une expression de tendresse infinie.

— Oh! oui, Monsieur, oh! oui, je le veux bien! répondit Thérèse, émue jusqu'aux larmes sans savoir pourquoi.

— Allons, embrassez-la, dit madame de La Varenne.

Il l'entoura d'un de ses bras et la pressa doucement sur son cœur.

— Une autre fille à moi, Mademoiselle de

Champlieu. Vous vous souvenez de sa mère ?

— Oui, Mademoiselle, je me souviens de votre mère, et il me semble qu'elle revit en vous.

— Embrassez-la donc, elle aussi, dit Marthe en lui donnant ses joues à baiser.

Une intimité qui débutait ainsi pouvait se passer de plus amples préliminaires. Evrard n'avait pas eu le temps de s'asseoir, qu'il était déjà l'ami des jeunes filles autant que l'ami de la mère. Les heures s'écoulèrent en propos familiers. On laisse à penser si madame de La Varenne fit sonner les millions de son gendre ! Marthe heureusement avait fini par s'emparer du colonel, qu'elle pressait de questions sur sa carrière militaire, sur l'Afrique, sur les Bédouins, sur les douars et sur les gourbis, sur les lions et sur les panthères. Evrard parla de son métier simplement. Il raconta ses expéditions sans se mettre en scène une seule fois, et mêla même à ses récits quelques histoires de panthères qui ravirent en admiration mademoiselle de Champlieu. Marthe ne comprenait plus l'existence que sous une tente, au pied de l'Atlas. Thérèse se taisait, mais elle ne se lassait pas de regarder le parrain de Paul. Qu'attendait-elle de lui ? Que pouvait-il pour elle ? Elle n'en savait rien, et pourtant, depuis qu'il était là, elle croyait sentir qu'elle avait un appui. Une voix secrète lui disait d'espérer, et la pauvre enfant espérait. Frêle espoir qu'un mot d'Evrard allait briser !

Après le dîner, on était rentré au salon. A mesure que le jour baissait, Marthe était devenue silencieuse, et Thérèse paraissait inquiète, agitée, comme si une même pensée les eût en même temps assaillies toutes deux. Elles se tenaient à l'écart et pressées l'une contre l'autre. Le colonel, tout en causant avec madame de La Varenne, ne les quittait pas des yeux. La journée tirait à sa fin. Thérèse demeurait immobile ; son visage trahissait les angoisses, les hésitations d'un cœur aux abois. Marthe regardait d'un air préoccupé la cime des arbres qu'embrasaient les feux du couchant.

— Eh quoi ! s'écria madame de La Varenne, vous arrivez à peine, et vous parlez déjà de partir ! Ce n'est pas sérieux, j'imagine.

— C'est malheureusement très-sérieux, répondit Evrard. Je ne suis plus libre, j'ai donné rendez-vous à un jeune ami que j'emmène avec moi, et nous partons demain...

En prononçant ces mots, il s'était rapproché du groupe des jeunes filles, et il abaissait sur Thérèse un regard empreint d'une tendre pitié. Thérèse avait compris. Elle resta d'abord comme abîmée sous le coup des paroles qu'elle venait d'entendre, puis, se levant résolûment, elle saisit le bras de Marthe et l'entraîna hors du salon.

— Voici une belle soirée, dit Evrard après qu'il les eût vues s'enfoncer dans la profondeur d'une allée. Voulez-vous que nous fassions ensemble un tour de parc ?

— Bien volontiers, répondit madame de La Varenne.

Elle s'enveloppa d'un châle, le colonel offrit son bras, et ils descendirent les degrés du perron. La soirée était belle en effet. Le soleil, près de disparaître, lançait ses flèches d'or à travers le feuillage. Il y avait des parties du parc encore inondées de clartés, et d'autres qui déjà se remplissaient d'ombre et de mystère. Les pinsons, les fauvettes, avant de regagner leurs nids, renforçaient leur ramage et faisaient en concert leurs adieux au jour qui finissait, tandis que les merles, habitués à siffler la diane et la retraite, traversaient les allées d'un vol effaré. On entendait au loin le mugissement des troupeaux qui rentraient aux étables, le chant des rainettes du côté de la pêcherie, tous les bruits, toutes les rumeurs qui s'élèvent le soir du fond des vallées. Ils marchaient à pas lents, en silence, et qui les eût vus cheminant ainsi côte à côte sous ces beaux ombrages aurait pu croire que leurs pensées suivaient le même cours, que c'étaient là deux âmes unies et confondues dans une commune émotion.

— Savez-vous bien, dit enfin madame de La Varenne, que vous m'avez fait à peine compliment sur le mariage de ma fille ? Vous ne pouvez nier pourtant que ce ne soit un mariage magnifique !

— J'en conviens, repartit Evrard arraché brusquement à sa rêverie. Trois cent mille livres de rente ! Palais à la ville, palais à la campagne ! Votre gendre est fils de ses œuvres, m'avez-vous dit. Pour peu qu'il soit jeune encore, il n'a pas perdu son temps. Dans quelle carrière s'est-il enrichi ?

— Dans l'industrie, dans la banque, dans les affaires.

— Dans les affaires ?

— Honorablement, au grand jour.

— Je veux le croire, et bien qu'en général je me défie de ces fortunes si rapides, bien que la probité, le travail et l'intelligence ne suffisent pas toujours à les élever, je le tiens pour galant homme du moment que vous l'avez choisi. Votre fille aime le mari que vous lui destinez ?

— Comment l'entendez-vous ?

— Je ne pense pas, ma chère, qu'il y ait deux façons de l'entendre. Tantôt, en vous écoutant pendant que vous énumériez avec complaisance tous les avantages attachés à la grande alliance que vous allez faire, j'observais mademoiselle de La Varenne, et il m'a semblé que son attitude et sa physionomie ne répondaient pas à la joie qui éclatait dans vos discours. Je vous demande, au nom d'une ancienne amitié, si le genre de votre choix a su gagner les sympathies de votre fille, si elle se sent entraînée vers lui, si elle l'aime, en un mot... Est-ce clair ?

— Oh ! je ne dis pas que Thérèse soit follement éprise de son fiancé. Comment l'aimerait elle ? C'est à peine si elle le connaît. Le mariage n'est point affaire de passion et d'entraînement. On se marie, l'amour vient ensuite.

— Et s'il ne vient pas ?

— On s'en passe.

— Ce n'est pas vous, Julie, qui voudriez marier votre fille contre son gré ?

— Contre son gré !... Qui parle de cela ?

— Vous ne voudriez pas la marier sans avoir consulté ses goûts ?

— J'ai mieux fait que de consulter ses

goûts, répliqua d'un ton sec madame de La Varenne, j'ai cherché son bonheur, dont je crois être meilleur juge que vous, mon cher ami. Quoi que Thérèse puisse penser, je suis tranquille, elle me remerciera plus tard.

— A merveille, Madame, à merveille ! Je ne suis qu'un soldat, et vous vous entendez sans doute mieux que moi à la conduite de la vie. D'où vient donc cependant l'accablement profond que cette jeune fille s'efforce en vain de dissimuler ? Qu'à la veille de faire un mariage d'argent, elle restât froide, indifférente, je le comprendrais, j'y verrais la marque d'une âme délicate et fière; mais comment expliquer son front chargé d'ennui, sa poitrine oppressée, son regard abattu, ses paupières brûlées de larmes ? Vous vivez avec elle, rien de tout cela ne vous frappe. Je vous affirme, moi, que cette enfant est malheureuse.

— Malheureuse, ma fille ?

— Oui, Julie, malheureuse. Si cette enfant n'était pas condamnée seulement au supplice d'épouser sans amour un homme qu'elle connaît à peine ! Êtes-vous descendue au fond de son cœur? Êtes-vous bien sûre au moins qu'elle n'a d'amour pour personne ?

— Vous n'avez que romans en tête ! Parce que Thérèse n'a pas l'entrain et la gaieté de cette évaporée de Champlieu, il vous plaît de voir en elle une victime. Ma fille a grandi sous mes yeux, qui voulez-vous qu'elle aime ? L'Oiseau bleu ? le prince Charmant?

— L'an passé, au dernier automne, n'avez-vous pas reçu dans votre intimité un de vos voisins de campagne ?

— Le petit Cordöan, des Aubiers ? Sans doute. Eh bien ! après ?

— Il ne vous est jamais venu à la pensée qu'il pût aimer votre fille ?

— Ma foi, non !

— Ni que votre fille pût l'aimer ?

— Ce jeune homme ?

— Oui, ce jeune homme.

— Qui m'apportait des graines, pêchait aux écrevisses et barbouillait mes dessus de portes?

— Si Thérèse l'aimait pourtant ?

— Vous êtes fou !

— Enfin si elle l'aimait ?

— Eh bien ! mon cher, si elle l'aimait, elle en serait quitte pour l'oublier, car tenez pour certain que, ma parole ne fût-elle point engagée, je ne consentirais jamais à donner ma fille au fils d'un paysan.

— Parmi vos gentillâtres de province, en voyez-vous beaucoup qui le vaillent, ce fils de paysan ? Affirmeriez-vous que votre gendre ait une aussi bonne origine ?

— Un garçon qui n'est propre à rien, qui ne fait rien, qui ne veut rien faire !

— Il a le goût des arts. Il cultive ses terres. Si la route qu'il suit ne mène ni aux honneurs ni à l'opulence, on est sûr du moins qu'elle ne peut aboutir ni à la ruine ni à la honte.

— Ses terres ! ses terres !... Il n'a pas le sou.

— Il a vingt mille livres de rente au soleil, honnêtement amassées par son père.

— En vérité ! ce jeune nabab a vingt mille livres de rente ? Et vous croyez, candide habitant du désert, que c'est avec vingt mille livres de rente qu'un jeune ménage peut aujourd'hui faire figure dans le monde ?

— Je crois sincèrement que c'est autant qu'il en faut pour vivre heureux chez soi. Quelle nécessité pour un jeune ménage de faire figure dans le monde ? Il en est du monde comme du jeu : on ne lui appartient pas à demi. On ne veut lui donner d'abord qu'une parcelle de sa vie. On laisse le bonheur à la maison, mais seulement pour quelques heures. On rentre, il rit et vous fait fête. On le néglige bientôt de plus en plus, on passe loin de lui des journées et des nuits entières, jusqu'à ce qu'enfin, las d'attendre au coin d'un foyer abandonné, il prend le parti de déloger par la porte ou par la fenêtre. J'ajouterai...

— N'allons pas plus loin, nous arrivons aux plaisirs des champs, aux délices de la médiocrité, à la poésie des joies domestiques. Ces plaisirs, je les connais ; ces délices, je viens de m'en abreuver ; cette poésie, il m'a été donné de la goûter tout à loisir. Laissons cela, nous ne pourrions pas nous entendre. Il s'est fait dans nos mœurs et dans nos habitudes une révolution dont vous ne paraissez pas vous douter. Toutes les conditions de la vie sont changées.

— Le cœur est-il changé, lui aussi? Avez-vous supprimé du même coup l'amour et la jeunesse ?

— L'amour n'a qu'un matin, la jeunesse n'a qu'un jour, et la vie est longue, Evrard.

Encore une fois, brisons là. Si le seigneur des Aubiers a élevé ses vues jusqu'à ma fille, s'il a conçu le ridicule espoir de l'épouser, j'en suis fâchée pour lui. Quant à Thérèse, rassurez-vous, elle ne pense pas et n'a jamais pensé à ce jeune homme.

— Vous vous trompez, elle l'aime, dit froidement le colonel, et d'un accent si ferme que madame de La Varenne resta un instant interdite. Elle l'aime. J'en ai la preuve !

— Prenez garde, Evrard, prenez garde !

— Votre fille a écrit à Paul.

— Cela n'est pas vrai !

— Elle a écrit. J'ai lu sa lettre.

— Non !

— Je l'ai lue, elle est là ! dit Evrard, frappant de la main sa poitrine.

— Montrez-moi cette lettre... donnez-la-moi ! Je le veux, je l'exige.

— Je ne puis pas vous la donner, mais je vais vous la lire.

L'homme de guerre avait reparu tout entier, avec l'attitude, le geste et la voix du commandement. Madame de La Varenne subissait malgré elle l'autorité de sa parole et de son regard. Ils étaient arrivés dans une clairière, le crépuscule continuait le jour.

— Asseyez-vous, dit-il en lui montrant un banc au pied d'un hêtre.

Elle obéit, il prit place auprès d'elle, tira d'un portefeuille une lettre qu'il déplia, et il en commença ainsi la lecture :

« Paul, mon cher Paul, je t'aime et je te perds. Je t'aime... »

— Ah ! malheureuse, ah ! malheureuse enfant !... Devais je m'attendre ?... Donnez-moi cette lettre. Et, par un mouvement rapide, elle étendit le bras pour la saisir.

— Calmez-vous, dit Evrard, lui arrêtant la main.

— Vous prenez donc plaisir à me torturer ! s'écria-t-elle avec désespoir.

— Non, calmez vous. Cette lettre est l'expression des sentiments les plus honnêtes. Elle n'a pu sortir que d'une belle âme, il ne s'y trouve pas un seul mot dont puisse avoir jamais à rougir la personne qui l'a écrite.

Et il reprit :

« Paul, mon cher Paul, je t'aime et je te perds. Je t'aime et je te dis adieu. Pardonne-moi. Que pouvais-je, hélas ! contre la volonté de ma mère ? Je n'avais, pour résister, que mes larmes et mes prières ; ma résistance est épuisée. Est-ce donc vrai, mon Paul ? On nous sépare. Je ne sais pas ce que j'écris. Je suis brisée, j'ai la tête perdue. Ah ! ma mère, que vous êtes cruelle ! Rien n'a pu la fléchir, ni mes supplications, ni les révoltes de mon cœur, ni ma soumission désespérée. Elle jouit de mon sacrifice comme s'il ne me coûtait rien, elle triomphe, et moi je me meurs ! Il paraît, mon ami, que la raison et la sagesse nous défendaient de nous aimer. Il paraît que nos projets d'union n'étaient qu'enfantillage et folie. Tu es trop pauvre, d'une naissance trop obscure. Voilà pourtant ce qu'on me dit ! Trop pauvre, toi, d'une naissance trop obscure ! Crois-tu du moins que ta pauvreté eût été ma richesse ? Crois-tu que j'aurais été fière d'être ta femme, de porter ton nom? Crois-tu que c'eût été ma joie et mon orgueil de partager ta destinée, de m'appuyer sur toi, de tout devoir à ton travail? C'était mon espoir, et cet espoir dont se nourrissait ma jeunesse, il faut que je l'immole à des vanités que je ne comprends pas, il faut que je renonce au bonheur, parce que ma mère ne saurait accepter pour gendre qu'un gentilhomme. Quelle pitié! — Que vas-tu faire ? Tu ne peux pas rester ici. Épargne-moi la honte de me marier près de toi, sous tes yeux. Va-t'en, va-t'en bien loin! Emporte avec toi toute mon âme. Je ne te reverrai plus, ami de mon enfance. Je ne te reverrai plus, cher compagnon de mes jeunes années. Adieu donc, pour toujours adieu! Ma pensée te suivra partout, tu ne cesseras jamais de l'occuper. Quoique absent de ma vie, c'est toi qui la protégeras. Ton souvenir sera ma sauvegarde, et si je vaux quelque chose, c'est à toi que je le devrai. »

A mesure que le colonel avançait dans cette lecture, madame de La Varenne avait passé de l'agitation la plus violente à une sorte d'apaisement farouche et qui touchait presque à la stupeur. On eût dit que chaque phrase lui apportait une révélation inattendue. L'étonnement, la confusion avaient éteint peu à peu la fièvre de son regard. Ses yeux s'étaient détachés du papier que lisait Evrard, et elle avait écouté jusqu'au bout, immobile, la tête basse.

— S'il restait quelques doutes dans votre

esprit, la lettre est signée. dit le colonel après qu'il eut achevé de lire.

Madame de La Varenne, sans se retourner, prit silencieusement la lettre qu'il lui tendait, et elle la froissa dans sa main avec une sourde colère.

— Où voulez vous en venir? demanda-t-elle enfin d'une voix frémissante. Je vous ai écrit cette lettre ; que prétendez-vous en conclure? Me faites-vous un crime de ne plus penser ni sentir comme je pensais et sentais il y a vingt ans? L'autorité de ma mère me semblait tyrannique alors. Je trouve aujourd'hui qu'elle était légitime ; à mon tour je suis mère. Est-ce ma faute si j'ai vécu ? Ne tenez-vous aucun compte de l'expérience ?

— L'expérience !... C'est vous qui l'invoquez! repartit Evrard avec brusquerie. En bien! parlez, que vous a-t-elle appris? Vous êtes mère, et vous avez vécu, dites-vous; quelles leçons avez-vous retirées de la vie? La route où vous avez marché vous a-t-elle conduite au bonheur? Le mariage que vous avez fait a-t-il réussi à ce point que vous deviez pousser votre fille dans la même voie, la livrer aux mêmes hasards?

— Le mariage que j'ai fait a eu du moins cet avantage qu'il n'a été pour moi la source d'aucune déception. Connaissez-vous beaucoup de mariages d'inclination dont vous pourriez en dire autant?

— Et c'est vous!... Ah! misère! s'écria le soldat en se frappant le front. Il vient donc fatalement une heure où l'on ne se souvient plus de sa jeunesse que pour la renier et pour l'outrager! Jeune, on se brise contre l'obstacle, et plus tard on devient soi-même l'écueil où se brise à son tour la génération qui nous suit. Elle ne finira donc jamais cette éternelle et lamentable histoire ! Ce sera donc toujours et toujours à recommencer !

— Vous préféreriez qu'on abandonnât la jeunesse à ses entraînements ? Vous voudriez que la raison et l'expérience ne fussent plus que les humbles servantes de toutes ses fantaisies ?

— Je voudrais que la raison se montrât clémente aux passions généreuses, et qu'au lieu de les opprimer, elle se contentât de les gouverner. Je voudrais que l'expérience eût une âme, qu'elle se souvînt des larmes qu'elle a coûtées, et qu'il fût permis à ceux qui viennent après nous d'achever le rêve que nous n'avons pu qu'ébaucher. Je voudrais que le soir n'insultât pas au milieu du jour, que le milieu du jour ne blasphémât pas le matin. Je voudrais enfin que la foi, l'enthousiasme, le désintéressement, tous les sentiments élevés, toutes les nobles aspirations, véritables présents du ciel, ne fussent pas condamnés à s'appeler éternellement les illusions de jeunesse.

— Qu'est-ce qui vous prend ? A qui en avez-vous ? s'écria madame de La Varenne avec un mouvement d'épaules. On jurerait, à vous entendre, qu'il s'agit ici du sort des empires. Pour quelques églogues qui se terminent en élégies, est-ce la peine de crier si haut ? Parce que toutes les amourettes n'aboutissent pas nécessairement au mariage, faut-il désespérer de l'humanité et lui jeter un linceul sur la face? Eh bien! oui, nous nous sommes aimés, nous avons eu tous deux notre petit roman. Nous n'en sommes morts ni l'un ni l'autre, et je vous retrouve en fin de compte colonel, officier de la Légion d'honneur et assez bien portant, il me semble.

— Si je n'en suis pas mort, dit Evrard, c'est que j'en ai vécu, c'est que ce petit roman a été la grande histoire de ma vie, c'est que j'ai respecté ma douleur, c'est que j'en ai fait un refuge. Voilà pourquoi je ne suis pas mort, voilà comment j'ai pu sauver mon cœur! Mais vous qui avez cherché dans le monde l'oubli de ce que vous aviez souffert, vous qui, pour tromper le vide et le désœuvrement de votre âme, l'avez ouverte à toutes les vanités vulgaires, vous êtes morte, oui, morte, entendez-vous ? Il ne reste plus rien de vous, il ne reste plus rien de la Julie que j'ai tant aimée. Que faisiez-vous tandis que je demeurais fidèle à votre souvenir ? Que faisiez-vous tandis qu'au bivac, sous la tente, à travers les balles, vous étiez la compagne invisible de ma destinée ? Quand vous êtes devenue libre, votre pensée, que je devais toujours occuper, s'est-elle tournée un seul instant vers moi ? Vous êtes-vous jamais souciée de savoir si j'existais encore ? Tout à l'heure, en me revoyant, avez-vous senti quelque chose du passé remuer et tressaillir en vous ? En vous retrouvant avec moi dans ce parc, avez-vous eu un moment d'émotion ? Cette lettre qui ne m'avait jamais quitté a-t-elle éveillé en vous un autre sentiment que le dépit ou la colère ? Et vous raillez maintenant ! Le poëme de votre jeunesse, l'amour, ses joies, ses désespoirs, tout cela n'est plus à vos yeux qu'un roman banal et sur lequel il sied de s'égayer un peu ! C'en est trop à la fin ! Il y a vingt ans aujourd'hui, je vous obéissais, je partais, nous nous disions un dernier adieu. C'était là, tout près, par une soirée pareille à celle-ci. Vous ne vous en souvenez pas? Vous avez oublié vos sanglots et vos larmes ?... Eh bien, venez ! s'écria-t-il avec emportement, je vais vous rendre la mémoire.

Et, lui saisissant violemment le bras, il l'entraîna vers la pêcherie. Quelques instants après, ils s'arrêtaient à la petite porte du parc. La porte était toute grande ouverte, et aux dernières lueurs du crépuscule ils pouvaient voir encore distinctement ce qui se passait à vingt pas de là, de l'autre côté de l'enclos. Paul et Thérèse étaient assis l'un près de l'autre sur un banc de pierre au bord de l'étang. Ployée par la douleur, Thérèse avait laissé tomber sa tête sur l'épaule de Paul, qui lui tenait les mains, et ils pleuraient. Marthe, debout, versait aussi des larmes.

— Regarde-les, Julie ! dit Evrard d'une voix attendrie. Ils sont jeunes, ils sont charmants tous deux. La vie s'ouvrait devant eux pleine d'espoir et de promesses. Ils s'aimaient comme nous nous aimions, et voilà pourtant qu'ils se disent adieu, ils vont se séparer comme nous ! Regarde, Julie, c'est ta fille, c'est ton unique enfant, l'enfant que tu as failli perdre. Vois qu'elle est encore délicate et frêle! Ne crains-tu pas que le chagrin ne la tue?

Elle était sans mouvement, sans voix. Evrard, d'un œil avide, épiait sur ses traits le réveil de son cœur; mais rien ne trahissait ce qui se passait en elle. Paul venait de se lever. Thérèse restait assise et affaissée sur elle-même. Marthe l'entourait de ses bras. On entendait dans le silence du soir un bruit de sanglots étouffés.

— Venez, mon ami, dit enfin madame de La Varenne.

Et ils se dirigèrent vers le bord de l'étang, aussi calmes en apparence que s'ils avaient été attendus. Thérèse s'était levée en les apercevant. Pleins de trouble et de confusion les enfants, comme trois coupables, se taisaient et baissaient les yeux.

— Ma Thérèse, il est trop tard pour rester au bord de l'eau, dit madame de La Varenne. Tes mains sont brûlantes, tu as un peu de fièvre. La soirée est fraîche, il faut rentrer, chère petite.

Et, retirant son châle, elle en couvrit sa fille avec la plus tendre sollicitude.

— Je sais que vous partez demain, monsieur Paul. Vous allez en Afrique, le colonel vous emmène avec lui. C'est bien à vous d'être venu dire adieu à vos amies. Je n'oublierai jamais les témoignages de sympathie que j'ai reçus de vous avant même de vous connaître ; je me rappellerai toujours avec émotion l'intérêt si touchant que vous avait inspiré la maladie de ma chère fille. Thérèse, je veux que notre voisin emporte un petit souvenir de toi. Donne-lui la bague que j'ai mise à ton doigt quand tu étais encore enfant.

Thérèse toute tremblante essaya d'ôter la bague de son doigt; mais, si mince que fût le doigt, il eût fallu le couper pour avoir la bague.

— Ma mère, je ne puis pas, dit-elle d'un air découragé.

— Essaye encore.

Thérèse fit un nouvel effort qui ne réussit pas davantage.

— Ma mère, c'est impossible.

— Allons, je ne vois qu'un moyen, dit madame de La Varenne, et notre voisin est si bon qu'il s'en accommodera peut-être. Puisque nous voulons lui donner ta bague et que tu ne peux pas l'ôter de ton doigt, eh bien ! ma fille, donne-lui ta main.

Elle avait pris la main de Thérèse, elle la mit dans celle de Paul, et pendant quelques instants ils se tinrent tous trois embrassés.

— Ah ! je l'avais bien dit que vous deviez être un brave homme ! s'écria Marthe en sautant au cou d'Evrard.

— Eh bien ! lui dit à son tour madame de La Varenne, est-elle morte, cette Julie ?

— Non, répondit Evrard : elle n'était qu'endormie, et je l'ai réveillée. — Puis, réunissant Paul et Thérèse dans une même étreinte, il leur dit : J'étais seul, sans famille, vous serez mes deux enfants.

Ils avaient repris tous ensemble le chemin du manoir. La jeunesse marchait devant ; Evrard et Julie les suivaient de près.

— Ah! mon Dieu, s'écria tout à coup madame de La Varenne, et mon autre gendre qui s'est annoncé pour la fin de la semaine !

— Vous allez lui écrire, dit Evrard.

— Sans doute, mais que lui dirai-je?

— La vérité, tout simplement. S'il est un galant homme, il vous remerciera. S'il se fâche, qu'il aille au diable ! Il ne vaut pas l'honneur d'un regret.

— Et ce trousseau?

— Il ne pouvait venir plus à propos; vous en serez quitte pour changer les marques.

— Je m'en charge, s'écria Marthe en se retournant, et je vous promets que ce ne sera pas long.

Trois semaines après, on signait le contrat aux Granges. Madame de La Varenne ne regrettait pas précisément le bon mouvement auquel elle avait cédé; toutefois elle pensait déjà à user de sa liberté pour reprendre à Paris ses relations, ses amitiés mondaines. On se résigne aisément à ne pas vivre dans le monde; on ne se console pas de n'y vivre plus. Paul et Thérèse étaient heureux. Près de se lever, la lune de miel éclairait déjà de ses premières lueurs le bord de l'horizon. Evrard jouissait du bonheur qui était son ouvrage, mais ce bonheur lui coûtait cher : il l'avait payé de l'illusion qui remplissait autrefois sa vie. Les trois semaines qui venaient de s'écouler avaient achevé de creuser un abîme entre madame de La Varenne et lui. Ils n'étaient l'un pour l'autre qu'un perpétuel sujet d'étonnement. Le colonel ne retrouvait plus en lui le sentiment dont il s'était nourri si longtemps, et, pour prix du bien qu'il avait fait, il allait partir plus seul encore qu'il n'était venu. Il y avait foule au manoir. Tous les hobereaux des environs, tous les beaux esprits de la ville avaient été conviés à la fête. On aurait pu croire Marthe absente. Elle était là pourtant, mais retirée dans un coin du salon. Elle avait l'air triste et pensif. Marthe, en ces derniers jours, avait perdu son enjouement. Tout entiers à leurs tendresses mutuelles, Paul et Thérèse s'étaient à peine aperçus du changement qui se faisait chez leur compagne. Evrard seul s'en préoccupait; il alla s'asseoir auprès d'elle.

— Qu'avez-vous, mon enfant? lui dit il. Qu'est devenue cette gaieté qui était la vie de la maison? Depuis quelque temps, vous paraissez soucieuse, inquiète, agitée.

— Vous l'avez remarqué... Vous avez donc un peu d'amitié pour moi ?

— J'en ai beaucoup. Dès que je vous ai vue, vous avez gagné mon affection. Il me semble que j'ai toujours été votre ami, et il me serait douloureux de partir avec la pensée que vous souffrez peut-être d'une peine secrète. Dites, mon enfant, qu'avez-vous ?

— Je ne puis, je n'oserai jamais vous le dire.

— Vous n'avez donc pas confiance en moi ? Je ne saurais donc vous être d'aucun secours ?

— Il n'est personne au monde qui m'inspire autant de confiance que vous.

— Eh bien, parlez, ouvrez-moi votre cœur.

Elle resta quelque temps silencieuse, puis d'une voix tremblante :

— Si, comme Thérèse, j'aimais quelqu'un, moi aussi ?

— Vous vous consoleriez comme Thérèse, dit Evrard en souriant.

— Thérèse est aimée, reprit-elle tristement, et moi, je ne sais pas si le seul homme à qui je voulusse donner ma vie est disposé à l'accepter.

— C'est donc l'empereur de la Chine ?

— Ne raillez pas, répondez franchement. Pensez-vous qu'un homme sérieux, très-sérieux, pourrait s'attacher à une écervelée comme moi, qu'il consentirait à devenir mon guide, mon appui ?

— Je pense que vous êtes une adorable créature, et qu'il n'est pas un galant homme qui ne fût heureux de vous donner son nom.

— C'est vrai, ce que vous me dites-là ?

— Oui, certes, très-vrai.

— Je suis riche, orpheline, et mes vieux parents m'estiment assez pour ne vouloir contrarier ni mes goûts ni ma liberté. Voyez jusqu'où va ma confiance, je compte sur vous pour offrir ma main à celui qu'entre tous j'ai choisi. Vous lui direz que, s'il la refuse, mademoiselle de Champlieu ne se mariera jamais.

— Mais, demanda Evrard très-ému, je le connais donc ?

— Oui, vous le connaissez. C'est un soldat d'Afrique, l'honneur et la loyauté même.

— Qui donc enfin ?

— C'est, dit Marthe en levant sur lui ses

beaux yeux pleins de larmes, c'est le colonel de votre régiment.

Que répondit Evrard ? Toi-même, ami lecteur, à sa place qu'aurais-tu répondu ? Il ne retourna pas seul en Afrique; il emportait avec lui le plus rare de tous les trésors, une femme d'un esprit gai, d'une âme droite et d'un cœur sincère.

1863.

FIN

TABLE

JEAN DE THOMMERAY............ 1

LE COLONEL EVRARD... 157

www.ingramcontent.com/pod-product-compliance
Lightning Source LLC
Chambersburg PA
CBHW070749170426
43200CB00007B/704